Brigitte

KOCHEN FÜR JUNGE LEUTE

Anna Ort-Gottwald

wurde 1955 in Hamburg geboren. Sie arbeitete schon während ihres Oecotrophologie-Studiums in der Versuchsküche von BRIGITTE, 1987 wurde sie Mitglied der BRIGITTE-Redaktion. Seit dem Erscheinen von BRIGITTE Young Miss (1993) entwickelt und produziert sie dort die Food-Themen. Die Expertin für Ernährung, Junges Kochen und für Themen rund um die ökologische (Bio-) Szene ist seit 1993 Mitglied des Food Editors Club.

Fotos: Heino Banderob (1), Johannes Caspersen (16), Achim Deimling (10), Astrid Grosser (2), Oliver Heißner (Titel und 7), Ulrike Holsten (1), Christina Jentzsch (5), Daniel Kessler (1), Kramp & Gölling (3), Wolfgang Krüger (35), Mads Madsen (3), Ortwin Möller (11), Thomas Neckermann (37), Regina Recht (3), Dietrich Ruhde (2), Wolfgang Schardt (30), Hans Joachim Schmidt (31), Frank Stöckel (13), Richard Stradtmann (2);

Saisonkalender: aid e.V.

Gestaltung: Barbara Saniter

Gesamtherstellung: Naumann & Göbel Verlagsgesellschaft mbH, Köln

Herausgeberin: Anne Volk

Lektorat: Marita Heinz

Schlußredaktion: Karin Schanzenbach

BRIGITTE-Edition in der
Naumann & Göbel Verlagsgesellschaft mbH, Köln

ISBN: 3-625-10224-2

Brigitte

KOCHEN FÜR JUNGE LEUTE

Rezepte aus aller Welt

Von Anna Ort-Gottwald

Brigitte Edition
NAUMANN & GÖBEL

Über dieses Buch

Geht es Ihnen so wie vielen jungen Leuten? Sie essen gern und haben Spaß am Schnippeln, Rühren, Kochen? Dann haben die Rezepte dieses Buches gute Chancen, auch Ihre Lieblingsrezepte zu werden. Hits werden nicht nur die ganz schnellen und auch nicht nur die ganz einfachen Gerichte sein. Fastfood gibt es schließlich an jeder Ecke! Und nur im Notfall macht es Spaß, aus Fertigprodukten rasch etwas zusammenzurühren.

Sie wollen mit frischen Zutaten kochen, was Sie beim Italiener, beim Türken, beim Mexikaner oder auch zu Hause besonders gern essen. In Ihrer ersten Küche oder in Ihrer Wohngemeinschaft. Für sich und Ihre Freunde.

Sie wollen fit sein, also gesund essen, und das Richtige einkaufen. Bei alledem hilft Ihnen dieses Buch. Sie brauchen nicht kochen zu können. Lesen Sie ein Rezept einmal durch, dann wissen Sie auch, wie lange es dauert, ehe das Essen auf dem Tisch steht. Falls Ihnen Begriffe begegnen, mit denen Sie nichts anfangen können – im "Kleinen Küchenlatein" (ab Seite 146) sind sie erklärt, und im Register (ab Seite 159) ist angegeben, wo Sie was finden. Kalorienangaben gibt´s übrigens keine, bei den Rezepten ist Fett vorsichtig dosiert.

Wir wünschen Ihnen viel Multikulti-Kochspaß und guten Appetit!

Vegetarische Gerichte sind mit ✘ gekennzeichnet

INHALT

Essen Sie sich fit!

Nichts ist einfacher. Tip 1: Essen Sie mehr pflanzliche als tierische Produkte. Nicht Kartoffeln und Gemüse sollten die Beilage sein, sondern das Steak. Tip 2: Essen Sie viele unterschiedliche Lebensmittel, denn Abwechslung und Vielfalt sind das Geheimnis der gesunden Ernährung. Tip 3: Achten Sie auf die Qualität der Lebensmittel und essen Sie möglichst selten Fertigkost.

Die Basis der gesunden Ernährung sind kohlenhydratreiche Lebensmittel. Denn in ihnen stecken wichtige Energie- und Ballaststoffe, Vitamine, Mineralstoffe, ungesättigte Fettsäuren und sekundäre Pflanzenstoffe. Grundnahrungsmittel wie **Getreide, Graupen, Grütze, Grieß, Mehl, Nudeln, Brot, Reis** usw. zählen dazu. Und: Je weniger ein Korn verarbeitet wurde, um so gehaltvoller ist das Produkt. Bauen Sie einige Vollkornprodukte und Getreidemischungen in Ihren Speiseplan ein. Ein erster Schritt: Essen Sie jeden Tag mehrere Scheiben **Vollkornbrot,** das ist die schnellste Quelle für Ballaststoffe. Sie halten den Darm auf Trab und schützen so vor Verstopfung, Darmerkrankungen und Darmkrebs. Willkommener Nebeneffekt von Vollkornprodukten: Sie müssen kräftig gekaut werden und machen länger satt. Bei unserer großen Auswahl an Brotsorten werden Sie Ihren Favoriten schnell finden.

Kartoffeln sind richtige Powerknollen. Leider werden sie in letzter Zeit von vielen jungen Leuten nur noch als Pommes, Kroketten, Instant-Kartoffelpuffer, -klöße oder Bratkartoffeln aus der Tüte konsumiert. Das ist schade, denn Kartoffeln sind als Pellkartoffeln nicht nur wahre Vitamin-C-Bomben, sondern auch noch kalorienarm, sättigend, und sie versorgen uns mit wichtigen Kohlenhydraten.

Gemüse, Gewürzkräuter und Obst sind Lebensmittel wie aus dem modernen Lehrbuch: fett- und kalorienarm, nur natürlich süß. Zudem sind sie Großlieferanten der Vitamine C, E und A (Beta-Carotin) und von Mineral- und Ballaststoffen. Außerdem enthalten sie die potenten sekundären Pflanzenstoffe (Krebshemmer!).

Deshalb muß mehr frisches Grünzeug auf den Tisch! **„5 a day" heißt die Faustregel**: Fünfmal am Tag sollten Sie etwas Rotes, Grünes, Gelbes aus dem Garten der Natur essen. Das hört sich nach viel an, ist aber ganz leicht zu schaffen:

■ Los geht's mit einem Glas Frucht- oder Gemüsesaft zum Frühstück. Alternativ: frische Früchte, Banane oder Apfel im Müsli (1. Portion). ■ Als zweites Frühstück oder zwischendurch: Banane, Kiwi, Apfel, Salatgurke, Kohlrabi, rote Paprika (2. Portion). ■ Mittags eine große Portion Gemüse, ein Salatteller oder Rohkost (3. Portion). ■ Am Nachmittag rohes Gemüse oder Obst für zwischendurch oder Obstsalat, Erdbeeren mit Sahne oder andere fruchtige Köstlichkeiten (4. Portion). ■ Am Abend peppen Tomaten, Gurken, Lauchzwiebeln jedes Wurst- oder Käsebrot auf. Rohkostsalate, Nudel- oder Reissalate mit frischem Gemüse und Obst bringen Abwechslung auf den Tisch (5. Portion). Wenn's hektisch wird, können **Frucht- und Gemüsesäfte** manchmal ein bis zwei Gemüse- oder Obstportionen ersetzen.

Damit die wertvollen Inhaltsstoffe auch wirklich auf dem Teller landen, Gemüse nicht immer kochen, sondern so oft wie möglich dämpfen, dünsten oder blanchieren (→ Küchenlatein ab Seite 146).

Fett macht fett. Und Leute mit Übergewicht werden häufiger krank. Also heißt die Devise: **Fettarm essen.** Das gelingt leicht bei den „sichtbaren" Fetten. Bei Wurst- und Käsestullen ist Butter oder Margarine überflüssig – unsere südlichen Nachbarn machen uns das vor. Und der große Schuß Öl in die Pfanne muß auch nicht sein, teelöffelweise spart man eine Menge Fettkalorien. Schwieriger ist es, die „versteckten" Fette in Käse, Streichwurst, Fertiggerichten, Kuchen, Backwaren, Nüssen, Schokoriegeln und Schokolade aufzuspüren. Bei verpackten Lebensmitteln hilft ein Blick auf die Zutatenliste (→ Seite 8), bei Käse sollten Sie auf den Fettgehalt achten. Ganz ohne Fett geht's natürlich auch nicht: Fett ist nicht nur Energieträger, sondern auch Lieferant von fettlöslichen Vitaminen und essentiellen Fettsäuren (z.B. von Linolsäure).

Kaufen Sie **fettarme Milch- und Milchprodukte** (der Calcium- und Jodgehalt ist bei vollfetter und fettarmer Milch gleich), statt Schnitt- oder Hartkäse öfter mal **Frischkäse oder Quark.** Margarine mit ungehärteten Fetten ist günstig, auch mageres Fleisch, Aufschnitt oder Wurst und fettarmer Fisch. Essen Sie nur selten Fritiertes. Zum Kochen und für Salate sollten Sie **wertvolle Pflanzenöle** mit einfach oder mehrfach ungesättigten Fettsäuren verwenden.

Trinken Sie viel, Mineralwasser, Früchtetees und Saftschorlen. Damit sparen Sie Kalorien und löschen am besten den Durst. Der Wasserbedarf ist individuell verschieden. Körpergewicht, körperliche Aktivität, auch Klima, Transpiration spielen dabei eine Rolle. Als Erwachsener brauchen Sie etwa 2,5 Liter Flüssigkeit pro Tag. Knapp die Hälfte davon kommt aus wasserhaltigen Lebensmitteln, hauptsächlich aus Obst und Gemüse. Kaffee und schwarzer Tee entziehen dem Körper Flüssigkeit, denken Sie deshalb daran, zu jeder Tasse ein Glas Wasser zu trinken.

Was einkaufen?

Schlaraffenland Supermarkt – das ist zwar eine passende Beschreibung für das Angebot an frischen, verpackten, tiefgekühlten und konservierten Lebensmitteln. Doch wie kann man sicher sein, daß man das Richtige kauft?

Gesund und preiswert ist es, wenn Sie frische Zutaten und Grundnahrungsmittel in guter Qualität kaufen und selbst den Kochlöffel schwingen. Denn stark verarbeitete Lebensmittel enthalten viele der Nährstoffe nicht mehr, die Sie brauchen, um fit zu bleiben.

Kaufen Sie frisches Obst und Gemüse möglichst in der jeweiligen Hauptsaison. (Bei vielen Rezepten wird die in diesem Buch genannt.) Himbeeren im April und Treibhaus-Tomaten im Januar haben nun mal kein Aroma. Am besten schmecken die pflanzlichen Fitmacher in ihrer Haupterntezeit: Dann sind sie reif, strotzen vor Vitaminen, bioaktiven Substanzen und anderen wichtigen Nährstoffen und sind auch noch preiswert. Außerdem sind Freilanderzeugnisse weniger mit Nitrat belastet als Treibhausware (→ Saisonkalender ab Seite 156). Tiefgekühltes Gemüse und Obst sind immer dann eine gute Alternative zu Frischprodukten, wenn es schnell gehen soll und das Angebot dürftig und nicht mehr taufrisch ist.

Verpackte Lebensmittel müssen fast alle ein Mindesthaltbarkeitsdatum (MHD) **haben.** Das MHD ist aber kein Verfallsdatum, nach Ablauf der Mindesthaltbarkeit ist das Lebensmittel durchaus noch in Ordnung. (Auf „abgelaufene" Produkte muß besonders der Handel achten, um einwandfreie Qualität zu garantieren.) Ein weiteres wichtiges Kennzeichen auf Verpackungen ist das Zutatenverzeichnis. Es gibt an, welche Zutaten und Zusatzstoffe das Lebensmittel enthält. Auf dieser Liste steht die mengenmäßig größte Zutat an erster Stelle, die kleinste am Ende. **Alle, besonders aber Allergiker, sollten sich einen Blick auf die Zutatenliste zur Gewohnheit machen.** Grundregel: Je länger die Zutatenliste ist, desto mehr verarbeitet und um so weniger natürlich ist das Produkt. Übrigens: Nicht jeder will gentechnisch veränderte Lebensmittel. Auch hier hilft ein Blick auf die Zutatenliste, denn grundsätzlich müssen alle Lebensmittel oder Lebensmittelzutaten, die aus gentechnisch veränderten Organismen bestehen, gekennzeichnet werden. Doch leider gibt es für diese Verordnung auch Ausnahmeregelungen. Deshalb dürfen Hersteller, die ohne Gentechnik auskommen, ihre Produkte mit dem Siegel „Ohne Gentechnik" kennzeichnen.

My first kitchen

Braucht man für die erste Küchenausstattung 1000 Töpfe und ein Zwölfer-Messerset? Natürlich nicht! Gutes Kochzubehör sollten Sie aber doch kaufen. Das ist in der Anschaffung zwar teurer, aber langlebiger und daher auf Dauer billiger. Und: Es macht mehr Spaß, damit zu kochen, denn alles gelingt besser.

Was man so braucht: Eine **große Pfanne** (30 cm) mit passendem Deckel zum Braten, Anbraten und Schmoren. Unverwüstlich ist Edelstahl; es sieht gut aus, ist pflegeleicht, stoßfest, und die meisten Hersteller garantieren eine Lebensdauer von 25 Jahren. Einziger Nachteil: Edelstahl-Geschirre sind meist aus Chrom-Nickelstahl und damit für Nickel-Allergiker tabu, denn Nickel kann sich durch säurehaltige Lebensmittel teilweise aus dem Edelstahl herauslösen.

Für Pfannkuchen, Eierspeisen und zum Anrösten ohne Fett sind **mittelgroße schwere Pfannen mit Antihaftbeschichtung** ein Gewinn. Zum Braten und Wenden: ein Holz- oder ein hitzefester Plastik-**Bratenwender.** Immer richtig: ein gut schließender **(Sicht-) Deckel.** Zum Garen im Backofen und Servieren sind eine große oder zwei kleine Pfannen aus Stahl-Emaille, Gußeisen oder Edelstahl überaus praktisch. Mit oder ohne Deckel, aber mit hitzebeständigen Henkeln. **Drei Töpfe** braucht der Koch/die Köchin: den großen (5 Liter) für die Nudeln, den mittelgroßen für Gemüse, Kartoffel, Reis usw. und den kleinen mit langem Stiel für Soßen und Eier. Wichtig bei Töpfen ist ein **gut schließender Deckel.** Nur wenn der Deckel dicht schließt, wird der Luftzutritt eingeschränkt und der Verlust an Feuchtigkeit, Aroma und Farbstoffen begrenzt. Außerdem kann man nur in Töpfen mit gut schließendem Deckel mit wenig Flüssigkeit und Fett garen. Wichtig: Edelstahl-Töpfe sollten einen sogenannten Sandwich- oder Kompensboden haben, der die Wärme besser als Edelstahl leitet. Hübsche **feuerfeste Formen** für Gratin, Auflauf und Tarte aus Keramik oder Metall, die auch gut auf Tisch oder Büffet aussehen, kann man sich schenken lassen.

Unentbehrlich ist das Messerset. Worauf es ankommt: Gute Messer sind aus einem Stück hochwertigem Stahl, Griff und Klinge gehen fugenlos ineinander über, die Messer liegen schwer und gut in der Hand. **Vier Messer** sollten es sein: ein Brotmesser mit Wellenschliff, ein kleines Tomatenmesser mit Sägeschliff, ein großes Fleischmesser, das gleichzeitig zum Hacken von Kräutern, Nüssen usw. benutzt wird, ein kleines Gemüsemesser mit glatter Schneide und vielleicht noch ein zweites mit gebogener Klinge. Ganz wichtig ist ein **Sparschäler,** denn die meisten Vitamine sitzen beim Gemüse direkt unter der Haut. Unentbehrlich ist auch eine stabile **Küchenschere.** Eine Salatschleuder lohnt sich, wenn Sie gern und oft Blattsalate essen. Die **Pfeffermühle** gehört zur Pflichtaustattung jeder Küche, denn frisch gemahlener Pfeffer hat tausendmal mehr Aroma als einer, der schon vor Monaten gemahlen und verpackt wurde. Ein **Küchenbesteck** aus Edelstahl ist ein Set fürs Leben: Backgabel, Bratenwender, Suppen-, Soßen-, Schaumkelle und Schneebesen. Sie sind hygienisch, geschmacksneutral und schön. Ein vernünftiges **Küchenbrett** (30 x 50) erleichtert die Küchenarbeit. Experten streiten sich darüber, ob Holz oder Kunststoff hygienischer ist. Kochanfänger kommen um eine **Küchenwaage** nicht herum; mechanische leisten gute Dienste und sind preiswert. Nötig sind auch **Meßbecher** oder Litermaß und eine **Küchenuhr.** Außerdem ein **feinmaschiges Sieb,** ein **Durchschlag** zum Nudelabgießen und für Salat, eine Käse- und **Rohkostreibe;** ein **Gurkenhobel,** ein **Kartoffelstampfer,** ein **Backpinsel,** eine **Zitronenpresse,** ein **Mörser** mit Stößel zum Zerstoßen von ganzen Gewürzen, Nußkernen und zum Herstellen von Pasten und Mus. Und: dichte **Topflappen.** Zwei Elektrogeräte erleichtern Ihnen das Kochen sehr: der klassische **Handrührer** mit Quirlen, Knethaken und Schneidstab und zum Hacken und Pürieren ein **Blitzhacker.**

OLIO EXTRA

Gesundheitsfutter: Salate

Ohne Salat geht gar nichts! Frischkost vor der warmen Mahlzeit macht Appetit und stillt den ersten Hunger. Auch als schnelle, kalorienarme Zwischenmahlzeit ist Frisches unersetzlich. Sollten Sie Salate bisher langweilig finden, dann probieren Sie doch mal den Caesar's Salad aus den USA (Seite 13) oder den koreanischen Rettichsalat (Seite 15). Und mit den raffinierten Dressings (ab Seite 17) wird aus allem Grünen ein Genuß.

Fenchelkraut ×

Hauptsaison für Fenchel: September und Oktober

FÜR 4 PORTIONEN
2 Fenchelknollen, Jodsalz,
Saft von 2 Zitronen, 200 g Dickmilch,
2 Eßl. Ahornsirup,
frisch gemahlener Pfeffer,
40 g Pinienkerne.

Von den Fenchelknollen alle braunen, angetrockneten Stellen abschneiden, eventuell auch die äußeren Knollenblätter entfernen. Stengel und Wurzelansätze abschneiden. Fenchelgrün zur Seite legen. Fenchelknollen halbieren und auf der Rohkostreibe in feine Streifen hobeln. Fenchelstreifen in eine große Schüssel geben, salzen und mit einem Kartoffelstampfer etwa drei Minuten stampfen. Mit Zitronensaft begießen. Dickmilch, Ahornsirup und Pfeffer verrühren und unter das Kraut mischen. Pinienkerne in einer mittelgroßen Pfanne ohne Fett bei mittlerer Hitze goldbraun rösten. Fenchelgrün fein hacken und mit Pinienkernen über das Fenchelkraut streuen.

Fertig in: 15 Minuten

TIP: Fenchelkraut als Frischkost vor der warmen Mahlzeit essen. Es aktiviert die Magensäfte, dämpft den ersten Hunger und stärkt die Infektabwehr.

FENCHEL ist eine alte Gewürz- und Arzneipflanze. Als Gemüse ist er bei uns erst durch die italienische Küche bekannt geworden. Dabei ist der frische Gemüsefenchel besonders wertvoll für die Gesundheit: Er enthält große Mengen der Radikalenfänger Beta-Carotin, Vitamin E und Vitamin C (sein Vitamin-C-Gehalt ist doppelt so hoch wie bei Orangen), außerdem Eisen, Magnesium, Kalium und Ballaststoffe. Frische Fenchelknollen müssen fest, weiß und ohne Druckstellen sein, dann halten sie sich, in der Papier-Gemüsetüte verpackt, etwa eine Woche im Gemüsefach des Kühlschranks.

Caesar's Salad

Klassiker aus den USA

FÜR 6 PORTIONEN
Croûtons: *4 Scheiben Weizentoastbrot, 2 Knoblauchzehen, 6 Eßl. Olivenöl;*
Soße: *1 frisches Eigelb, 1 Eßl. Zitronensaft, 1/2 Teel. Worcestershiresoße, 1 Teel. mittelscharfer Senf, Jodsalz, Tabasco, 6 Eßl. Olivenöl;*
Salat: *2 hartgekochte Eier, 6–8 Sardellenfilets, 1 Römersalat, 50 g Parmesankäse.*

Croûtons: Backofen auf 125 Grad, Umluft 100 Grad, Gas Stufe 1 vorheizen. Toastbrot entrinden und in Stücke schneiden. Knoblauchzehen abziehen. Brotwürfel, Olivenöl und zerdrückten Knoblauch vermischen, auf ein mit Alufolie ausgelegtes Backblech geben und im Backofen in 50 Minuten knusprig backen, dabei zwei- oder dreimal wenden und vermischen. Schneller: in einer beschichteten Pfanne unter Rühren knusprig braten. Auf Küchenkrepp abtropfen und abkühlen lassen.
Soße: Eigelb, Zitronensaft, →Worcestershiresoße, Senf, einen Viertel Teelöffel Jodsalz und einige Spritzer Tabasco mit den Quirlen des Handrührers (mittlere Stufe) verrühren. Öl langsam zugießen und etwa drei Minuten schlagen, bis die Soße cremig ist. Mit Jodsalz und Tabasco abschmecken.
Salat: Eier schälen und grob hacken. Sardellenfilets in feine Streifen oder in kleine Stücke schneiden. Vom Römersalat den Strunk abschneiden, eventuell welke Blätter entfernen. Salat kurz abspülen, trockentupfen und die Blätter in ca. 2–3 cm breite Streifen schneiden. Salat, Eier, Sardellenfilets und Croûtons auf sechs Teller verteilen, mit Salatsoße beträufeln. Parmesankäse (→ Seite 34) auf der Rohkostreibe oder dem Parmesanhobel in hauchdünne Stücke hobeln und über die Salatteller streuen.

Fertig in: 1 Stunde

TIP: Sehr viel schneller auf dem Tisch ist der Caesar's Salad, wenn Sie fertig gekaufte Croûtons verwenden.

WORCESTERSHIRESOSSE – ausgesprochen „Wuster“ – ist eine dünne Würzsoße, deren Zusammensetzung wohlgehütetes Fabrikationsgeheimnis der englischen Herstellerfirma ist. Würzt tropfenweise viele Suppen, Ragouts, Marinaden, Soßen und Salate und hält sich im Kühlschrank monatelang.

1. KAPITEL **SALATE**

EISBERGSALAT, auch Krach-, Crisp- oder Eissalat, ist knackig, zart, hat aber wenig Eigengeschmack. Sein großer Vorteil: Er bleibt in Folie verpackt im Gemüsefach zwei Wochen lang frisch und läßt sich gut portionieren. Angeschnittene Exemplare bleiben immerhin noch vier bis fünf Tage knackig.

Eisbergsalat mit Buttermilch-Dressing

Fruchtig

FÜR 5 PORTIONEN

Soße: *1/4 l Buttermilch, 150 g Crème fraîche, 1 Eßl. Agavensirup, Saft von 1 Zitrone, Saft von 1 Orange, Jodsalz, frisch gemahlener weißer Pfeffer, 1 Bund Schnittlauch, 1/2 Bund Pfefferminze oder Zitronenmelisse;*
Salat: *1/2 Eisbergsalat (300 g), 1 Staudensellerie, 1 Galiamelone (Zuckermelone).*

Soße: In einer großen Salatschüssel Buttermilch, Crème fraîche, Agavensirup, Zitronen- und Orangensaft, Jodsalz und Pfeffer verrühren. Schnittlauch und Minze abspülen, trockentupfen und beides fein hacken.
Salat: Vom → Eisbergsalat den Strunk abschneiden und die äußeren welken Blätter entfernen. Salat waschen und trockentupfen. Salatblätter in mundgerechte Stücke schneiden. Selleriestaude (→ Seite 145) zerteilen, abspülen, trockentupfen. Die einzelnen Stangen eventuell schälen oder nur die harten Fäden abziehen. Selleriestangen in dünne Scheiben schneiden. Melone vierteln, Kerne mit einem Eßlöffel herauskratzen, Melonenviertel schälen und quer in Scheiben schneiden, Saft auffangen. Salat, Sellerie, Melone, Melonensaft und Soße vermengen und bis zum Servieren kühl stellen.

Fertig in: 35 Minuten

Variante: Statt Melone passen auch 500-750 Gramm Äpfel, Orangen, Mandarinen oder Ananas in den Salat.

Übrigens Eisbergsalat kommt ursprünglich aus Kalifornien. Von dort wurde er in Eis verpackt an die Ostküste der USA transportiert, daher der Name.

Koreanischer Rettichsalat

Hauptsaison für Rettich: Juli bis Oktober

FÜR 4 PORTIONEN

Soße: *3 Eßl. Reisessig (Asienläden) oder Weißwein-Essig, 2 Eßl. salzige Sojasoße, 2 Eßl. Zucker, 2 Knoblauchzehen, 1 Stück frischer Ingwer (50 g), 2 Eßl. geröstetes Sesamöl;*
Salat: *5 Eßl. Cashewkerne, 1 frische rote Chilischote, 3 Lauchzwiebeln, 1 Rettich (etwa 400 g), 2 säuerliche Äpfel, Saft von 1 Limette.*

Soße: Essig, Sojasoße und Zucker verrühren. Knoblauch abziehen, Ingwer (→ Seite 111) schälen. Beides fein hacken und mit der Salatsoße vermischen. Sesamöl (→ Seite 39) mit einer Gabel unterrühren.
Salat: Cashewkerne in einer Pfanne ohne Fett goldbraun rösten, heraus nehmen und abkühlen lassen. Chilischote halbieren, entkernen und in Streifen schneiden (wegen der Schärfe mit Gummihandschuhen arbeiten). Von den Lauchzwiebeln welke Blätter und Wurzelenden abschneiden, in feine Ringe schneiden. → Rettich schälen. Äpfel heiß abspülen, trockenreiben und entkernen. Beides auf einer Rohkostreibe in feine Stifte schneiden. Apfelstifte und Limettensaft vermischen. Salatzutaten und Soße vermischen und gleich servieren.

Fertig in: 30 Minuten

RETTICH (bayrisch: Radi) sollen bereits die Ägypter als Stärkungsmittel gegessen haben. Kein Wunder, weiß man doch heute, daß die im Rettich enthaltenen bioaktiven Stoffe nicht nur gegen Husten, Gallen- und Verdauungsbeschwerden helfen, sondern auch der Krebsentstehung entgegenwirken. Rettich soll fest und knackig sein, ohne geplatzte oder weiche Stellen auf der Außenhaut. Welke oder gelbliche Blätter deuten auf alte Ware hin, zu große Exemplare sind häufig holzig.

Wirsing-Orangen-Salat×

Hauptsaison für Wirsing: Mai, Juni und September bis November

FÜR 4 PORTIONEN

Jodsalz, 1/2 Wirsingkohl (etwa 500 g), 2 Orangen (1 davon unbehandelt), 50 ml Multi-Vitamin-Molkegetränk, 2 Teel. mittelscharfer Senf, frisch gemahlener Pfeffer, 1 – 1/2 Eßl. geröstetes Sesamöl, 2 Eßl. Speiseöl, 1 Bund Basilikum, 2 Eßl. Haselnuß-, Walnuß- oder andere Kerne.

Reichlich Salzwasser in einem großen Topf aufkochen lassen. Vom Wirsing die äußeren Blätter abtrennen (beim Frühwirsing können Sie sie mitverwenden). Den harten Strunk herausschneiden, Wirsing vierteln und in Streifen schneiden. Wirsing ins kochende Wasser geben, bis 30 zählen, dann auf einen Durchschlag oder auf ein Sieb abgießen. Mit kaltem Wasser abspülen; das stoppt den Garprozeß und erhält die schöne grüne Farbe. Wirsing locker auf ein doppelt gelegtes Geschirrtuch verteilen und trocknen lassen. Eine Orange schälen und in Stücke schneiden. Lassen Sie die weiße Orangenhaut ruhig dran: Darin sitzen sehr viele gesundheitsfördernde Stoffe. Die unbehandelte Orange heiß abspülen, mit Küchenkrepp trockenreiben und drei bis vier Streifen Orangenschale abschneiden. Mit einem scharfen Messer in feine Streifen schneiden. Restliche Schale entfernen und die Orange ebenfalls in Stücke schneiden. Molke, Senf, Jodsalz und Pfeffer verrühren. Sesamöl (→ Seite 39) und Speiseöl mit einer Gabel unterschlagen. Basilikum abspülen, trockentupfen, Blättchen in Streifen schneiden. Wirsing, Orangenstückchen, Basilikum und Soße miteinander vermischen und mit gehackten Nußkernen bestreuen.

Fertig in: 25 Minuten

WIRSING ist ein Kohl mit lockeren, krausen und stark gerippten Blättern. Frühwirsing ist heller als Herbstwirsing, und der Kopf ist noch nicht fest geschlossen. Wirsing nicht „totkochen", er hat eine ganz kurze Garzeit. Roh und auch noch kurz gegart strotzt er vor Vitamin C. Das ist das Tolle bei allen Kohlsorten: Ein Teil des Vitamins wird erst beim Garen aktiv und geht nicht, wie bei anderen Gemüsesorten, verloren.

TIP: Die gesunden Molkegetränke stehen im Supermarkt in der Kühltheke bei den Milchprodukten. Molke ohne Fruchtgeschmack heißt Kurmolke.

SALATSOSSEN sollten Sie immer anrühren, ehe Sie Gemüse und Obst kleinschneiden oder Blattsalate zerpflücken. Wenn die zerkleinerten Zutaten zu lange an der Luft stehen, verlieren sie Vitamine und Geschmack. Außerdem schmecken die Soßen besser, wenn sie etwa 20 Minuten Zeit haben, ihr volles Aroma zu entwickeln.

Cremiges Kartoffel-Dressing ×

Herzhaft

FÜR 6 PORTIONEN

150 g Kartoffeln, 2 Knoblauchzehen, Jodsalz, 1 Eigelb, 2 Eßl. Weißwein-Essig, 2 Eßl. Weißwein oder Zitronensaft, frisch gemahlener Pfeffer, 6 Eßl. Sonnenblumenöl, 2 Lauchzwiebeln, 4–6 Eßl. Schlagsahne.

Kartoffeln schälen, waschen, in feine Würfel schneiden. Knoblauch abziehen. Kartoffeln, Knoblauch, eine Prise Jodsalz und vier Eßlöffel Wasser im geschlossenen Topf 15 Minuten bei mittlerer Hitze garen. Alles mit dem Kartoffelstampfer zerdrücken. Eigelb, Essig, Wein, Jodsalz und Pfeffer in einer hohen Schüssel mit dem Schneebesen verrühren. Öl unterschlagen. Kartoffeln unterrühren und glattschlagen. Von den Lauchzwiebeln welke Blätter entfernen, Wurzelenden abschneiden, Lauchzwiebeln in Ringe schneiden und mit der Sahne unter die Soße ziehen. Mit Jodsalz und Pfeffer abschmecken.

Dazu: Kräftige Salate wie Feld- oder Römersalat, Chicorée und Rauke, blanchierte Brokkoliröschen oder Fenchelknollen.

Fertig in: 25 Minuten

TIP: Verwenden Sie für Salate kaltgepreßte, unraffinierte Pflanzenöle. Sie enthalten einen hohen Anteil an ungesättigten Fettsäuren und Vitamin E. Wer wenig frisches Obst und Gemüse ißt, sollte Salat immer mit Vitamin-C-reichem Zitronensaft anstelle von Essig anmachen.

Joghurtsoße mit Schnittlauch

Klassisch

FÜR 4 PORTIONEN
150 g Vollmilch-Joghurt,
2 Eßl. Weizenkeimöl,
Saft von 1 Zitrone oder Limette,
1/2 Teel. Zucker, Jodsalz,
frisch gemahlener Pfeffer,
1 Bund Schnittlauch
(oder Dill, Kresse, Basilikum,
Zitronenmelisse, Kerbel, Koriander).

Joghurt, Weizenkeimöl (→Seite 91), Zitronensaft und Zucker verrühren und mit Jodsalz und Pfeffer abschmecken. Schnittlauch abspülen, trockentupfen und in feine Röllchen schneiden. Unter die Soße rühren.

Dazu: Knackige Blattsalate wie Eisberg-, Kopf- oder Pflücksalat.

Fertig in: 5–10 Minuten

Vinaigrette mit Senf

Würzig

FÜR 4 PORTIONEN
1–2 Knoblauchzehen, 2 Schalotten,
4 Eßl. Rotwein-Essig oder
Aceto balsamico, 2 Teel. körniger Senf,
Jodsalz, frisch gemahlener Pfeffer,
8 Eßl. kaltgepreßtes Olivenöl,
2–3 frische Salbeiblätter.

Knoblauch und Schalotten abziehen und fein würfeln. Beides mit Essig, Senf, Jodsalz und Pfeffer verrühren. Olivenöl mit einer Gabel unterschlagen. Salbeiblättchen in feine Streifen schneiden und unter die Soße rühren.

Dazu: Gemischte Blattsalate mit Tomate, Radieschen, Maiskörnern, Paprika und Champignons.

Fertig in: 10 Minuten

TIP: Die Vinaigrette eignet sich auch als Marinade für italienisch eingelegtes Gemüse, z. B. geschmorte rote Paprikaschoten, Zucchini oder Champignons.

Nußsoße

Raffiniert

Für 4 Portionen
2 Scheiben Weizentoastbrot,
1/8 l Hühnerbrühe (Instant),
40 g gehackte Haselnuß- oder Walnußkerne, 2 Eßl. Nuß- oder Olivenöl,
Saft von 1 Zitrone, Jodsalz,
frisch gemahlener Pfeffer,
1 Bund Schnittlauch, Tabasco,
evtl. einige Blättchen Brunnenkresse.

Toastbrot entrinden und in lauwarmer Hühnerbrühe fünf Minuten einweichen. Gehackte Nüsse, Brot, Brühe, Öl, etwas Zitronensaft, Jodsalz und Pfeffer mit dem Schneidstab des Handrührers oder im Mixer pürieren oder mit dem Schneebesen kräftig verrühren, bis die Soße ganz glatt ist. Schnittlauch abspülen, trockentupfen, in Röllchen schneiden und unterrühren. Soße mit Zitronensaft, Jodsalz und ein bis zwei Spritzer Tabasco abschmecken. Eventuell mit Brunnenkresse bestreuen.

Fertig in: 15 Minuten

Dazu: Blatt- oder Gemüsesalate; auch Kurzgebratenes oder Brathähnchen.

TIP: Blattsalate nach dem Waschen immer gründlich trockentupfen oder locker in ein Geschirrtuch einschlagen und so trockenschleudern, sonst verwässert der Salat die Soße. Wenn Sie oft Salat essen, lohnt sich eine Salatschleuder.

Orangen-Gorgonzola-Soße ×

Fruchtig

Für 4 Portionen
1/2 unbehandelte Orange,
100 g Gorgonzola-Käse,
2 Eßl. Salatcreme oder Mayonnaise,
1 Eßl. bittere Orangenmarmelade,
6 Eßl. Molke oder Buttermilch, Jodsalz,
frisch gemahlener schwarzer Pfeffer.

Orange heiß abwaschen, mit Küchenkrepp trockenreiben und mit einer Reibe etwa einen Eßlöffel Orangenschale abreiben. Orange auspressen. Käse in kleine Stücke zerpflücken und mit Salatcreme, Orangenmarmelade, Molke, Orangensaft und geriebener Orangenschale verrühren. Mit Jodsalz und Pfeffer abschmecken.

Dazu: Chicorée, Kopf- oder Eisbergsalat (evtl. mit Apfel-, Birnen- oder Mandarinenstücken); auch für Nudel- und Reissalate.

Fertig in: 10 Minuten

Frisches für zwischendurch: Snacks

Der kleine Hunger kommt bestimmt! Es ist viel gesünder, oft eine Kleinigkeit zu essen als selten und dafür viel. Fit machen diese kleinen gesunden Snacks Sie auch noch. Übrigens: Für keines dieser Rezepte brauchen Sie länger als eine halbe Stunde, viele sind in wenigen Minuten fertig. Fastfood zu kaufen dauert länger, ist teurer und „versorgt“ Sie mit mehr Kalorien ...

Erbsensuppe ✗

Leichtes Abendbrot

FÜR 3 PORTIONEN
1 Zwiebel, 2 Kartoffeln (100 g), 1 Teel. Sonnenblumenöl, 1 Paket TK-Erbsen (300 g), 1/2 l Gemüsebrühe (Instant), 150 ml mitteltrockener Weißwein (ersatzweise Gemüsebrühe oder heller Traubensaft), 150 g Sahne-Joghurt (10 %), 1 Teel. Mehl, 3–4 Stiele Minze, Jodsalz, frisch gemahlener weißer Pfeffer, Zucker.

Zwiebel abziehen. Kartoffeln schälen. Beides fein würfeln und in heißem Öl kurz andünsten. Erbsen, Gemüsebrühe und Wein zugeben. Aufkochen und im geschlossenen Topf zehn Minuten bei mittlerer Hitze kochen lassen. Zwei bis drei Eßlöffel „Dickes" aus der Suppe nehmen und für später beiseite stellen. Joghurt und Mehl verrühren und in die Suppe geben. Die Suppe mit dem Schneidstab des Handrührers oder im Mixer pürieren. Minzeblättchen abspülen und trockentupfen. Suppe mit Jodsalz, Pfeffer und ein bis zwei Prisen Zucker abschmecken, das „Dicke" dazugeben, mit Minzeblättchen bestreuen.

Dazu: Vollkornbrot oder Baguette

Fertig in: 25 Minuten

Variation: Statt mit Minze schmeckt die Suppe auch toll mit Basilikum, Kresse oder Petersilie.

Gurkensalat ✗

Haltbar

FÜR 4 PORTIONEN
3 große Gewürzgurken aus dem Glas;
Soße: *150 g Natur-Joghurt, 50 ml Buttermilch, 1 Teel. Dijon-Senf, Jodsalz, frisch gemahlener Pfeffer, eventuell Zucker, 1 Päckchen Kresse; 1/2 Salatgurke, 1 Zwiebel, 1 rote Paprikaschote, 1 grüner Apfel.*

Gewürzgurken abtropfen lassen und auf der Rohkostreibe in feine Streifen schneiden.
Soße: Joghurt, Buttermilch, Senf, drei bis vier Eßlöffel Gurkenwasser, Jodsalz und Pfeffer verrühren und eventuell mit Zucker abschmecken. Kresseblättchen vom Kressebeet mit der Schere abschneiden und unter die Joghurtsoße rühren. Salatgurke schälen. Zwiebel abziehen und fein würfeln. Paprika halbieren und entkernen. Apfel abwaschen, trockenreiben und mit den anderen Zutaten in feine Würfel schneiden. Alle Zutaten und Soße miteinander vermischen und im Kühlschrank 30 Minuten durchziehen lassen.

Dazu: Pellkartoffeln

Fertig in: 20 Minuten, 30 Minuten Kühlzeit

TIP: Hält sich im Kühlschrank drei Tage.

Zucchini-Omelett

Hauptsaison für Zucchini: Juni bis Oktober

FÜR 3 PORTIONEN
4 Stengel Thymian, 400 g Zucchini, 2 kleine Zwiebeln, 3 Eier, 60 g Speisequark (20 %), 2 Eßl. fettarme Milch, Jodsalz, frisch gemahlener Pfeffer, 1/2 Teel. Currypulver, 2 Teel. Öl, 4 Eßl. Weißwein, Wasser oder Gemüsebrühe.

Thymian abspülen, trockentupfen und die Blätter abzupfen. Die Zucchini abwaschen, trockentupfen und auf der Rohkostreibe in feine Scheiben schneiden. Zwiebeln abziehen und fein würfeln. Eier, Quark, Milch, Thymianblättchen, Jodsalz, Pfeffer und Curry verrühren. In einer großen Pfanne Zwiebeln und Zucchini in einem Teelöffel Öl kurz andünsten. Den Wein zugeben und das Gemüse in der offenen Pfanne so lange dünsten, bis die Flüssigkeit verdampft ist. Restliches Öl unter das Gemüse rühren, das Gemüse etwas salzen und pfeffern. Eierquark in die Zucchinipfanne geben und in der geschlossenen Pfanne etwa sieben Minuten stocken lassen. Omelett wenden und von der anderen Seite ebenfalls bräunen.

Dazu: Schwarzbrot

Fertig in: 30 Minuten

Variation: Anstelle von Zucchini können Sie auch kleingeschnittene Auberginen, Paprikaschoten oder Champignons verwenden.

BUTTERMILCH entsteht bei der Butterherstellung. Sie ist kalorien- und fettarm (35 kcal/100 g), eiweißreich, liefert viel wichtiges Calcium, und ihr Milchzucker ist besonders gut für den Darm. Sie ist ideal für leichte Soßen und Dressings und im Sommer der optimale Durstlöscher.

Refried Beans (Bohnenpüree)

Scharf

FÜR 8 TACOS ODER ZUM DIPPEN MIT TORTILLA-CHIPS
2 Dosen Kidney-Bohnen oder rote Bohnen à 250 g, 2 Zwiebeln, 2 Knoblauchzehen, 4 Eßl. Olivenöl, 4 Eßl. Tomatenpüree oder Ketchup, 1 Eßl. getrockneter Oregano, 1 Teel. Chilipulver, 1/2 Teel. Jodsalz.

Bohnen in ein Sieb schütten, Bohnenflüssigkeit auffangen. Zwiebeln und Knoblauchzehen abziehen, fein würfeln und in einer großen Pfanne in zwei Eßlöffel Olivenöl vier Minuten dünsten. Tomatenpüree und Oregano, Chilipulver, Jodsalz, Bohnenflüssigkeit und etwa zwei Drittel der Kidney-Bohnen dazugeben und aufkochen. In der offenen Pfanne bei mittlerer Hitze etwa 20 Minuten kochen, dabei häufig umrühren. Von der Kochstelle nehmen und etwas abkühlen lassen. Bohnen aus der Pfanne und restliches Öl mit dem Schneidstab des Handrührers oder im Mixer pürieren. Restliche Bohnen unterrühren.

Fertig in: 15 Minuten

Panini mit Spinat und Krabben

Edel

FÜR 6 PORTIONEN
1 kleine Zwiebel, 100 ml Gemüsebrühe (Instant), 1 Paket TK-Blattspinat (300 g), Jodsalz, frisch gemahlener Pfeffer, einige Spritzer Zitronensaft, 100 g körniger Frischkäse, 1 TK-Panini-Brot oder ein halbes türkisches Fladenbrot, 2–3 Teel. Sahne-Meerrettich, 100 g Nordsee-Krabbenfleisch.

Backofen auf 150 Grad, Umluft 125, Gas Stufe 1 vorheizen. Zwiebel abziehen, fein würfeln und in Gemüsebrühe aufkochen. Spinat zugeben, etwas salzen und pfeffern und im geschlossenen Topf zehn bis fünfzehn Minuten unter Umrühren garen. Spinat mit Zitronensaft abschmecken, auf einem Sieb leicht ausdrücken, etwas abkühlen lassen und grob hacken. Mit Frischkäse vermischen. Panini nach Packungsanweisung im Backofen aufbacken (Fladenbrot im Backofen fünf Minuten aufbacken). Brot aus dem Ofen nehmen, waagerecht durchschneiden und die halben Brote in jeweils drei Teile schneiden. Jedes Stück mit Meerrettich bestreichen, mit Spinat belegen und mit → Krabbenfleisch bestreuen.

Fertig in: 30 Minuten

NORDSEE-KRABBEN
schmecken natürlich ganz frisch am besten. Die kleinen würzigen Garnelen (→ Seite 112) sind leicht verderblich, schon bei leicht fischigem oder muffigem Geruch sollte man sie nicht mehr essen. Im Kühlschrank nicht länger als einen Tag aufbewahren. Krabben sind kalorien- und fettarm, enthalten dafür allerdings sehr viel Cholesterin.

Himbeer-Shake

Ballaststoffreich

FÜR 2 PORTIONEN
1 große reife Birne, 100 g frische oder TK-Himbeeren, 350 ml Kurmolke, 2 Eßl. Schmelzflocken, eventuell 1–2 Teel. Birnen-Sirup.

Birne halbieren, entkernen, schälen und in kleine Stücke schneiden. Birnenstücke, Himbeeren, Molke und Haferflocken mit dem Schneidstab des Handrührers oder im Mixer pürieren. Eventuell mit Birnen-Sirup abschmecken.

Fertig in: 5 Minuten

Variation: Anstelle von Himbeeren Erdbeeren oder Johannisbeeren nehmen.

Drei gesunde Drinks: vorne links Möhren-Joghurt-Drink, hinten Himbeer-Shake und vorne rechts Gemüse-Kiwi-Cocktail

Möhren-Joghurt-Drink

Vitaminreich

FÜR 2 PORTIONEN
100 g Natur-Joghurt, 2 Eßl. Hafer-Schmelzflocken oder Erdmandelflocken (Reformhaus), 200 ml Ananassaft, 1/4 l Möhrensaft (frisch gepreßt oder aus der Flasche), 2 Teel. Weizenkeimöl.

Natur-Joghurt, Schmelzflocken, Ananassaft, Möhrensaft und Weizenkeimöl im Mixer aufschlagen oder mit dem Schneebesen kräftig verrühren. Eiswürfel in ein Glas geben und mit dem Möhren-Joghurt-Drink begießen.

Fertig in: 5 Minuten

Gemüse-Kiwi-Cocktail

Herzhaft

FÜR 2 PORTIONEN
1 Mini-Salatgurke (ca. 80 g), 1 Kiwi, Saft von 1/2 Limette, Jodsalz, 400 ml Gemüse- oder Tomatensaft, 1–2 Teel. Apfelpektin (Ballaststoff aus dem Reformhaus), Muskatnuß, einige Spritzer Tabasco.

Salatgurke abspülen und trockentupfen. Kiwi schälen. Salatgurke und Kiwi in kleine Würfel schneiden, mit Limettensaft, einer Prise Jodsalz und Gemüsesaft mit dem Schneidstab des Handrührers oder im Mixer pürieren. Apfelpektin zugeben und mit geriebener Muskatnuß und Tabasco abschmecken.

Fertig in: 10 Minuten

Lauwarmer Tomatensalat

Einfach

FÜR 2 PORTIONEN ALS HAUPTGERICHT,
FÜR 4 PORTIONEN ALS VORSPEISE
350 g Tomaten, Jodsalz,
frisch gemahlener weißer Pfeffer,
1 Fenchelknolle, 3 Korianderkörner,
1 Knoblauchzehe, 1 Eßl. Distel- oder Sonnenblumenöl,
2–3 Teel. Haselnuß- oder Sesamöl,
Saft von 1 Orange,
1 Eßl. süß-scharfe Chilisoße.

Tomaten abspülen, trockentupfen, in dicke Scheiben schneiden, dabei die Stengelansätze herausschneiden und die Tomaten auf eine große Platte legen. Salzen und pfeffern. Vom Fenchel alle braunen, angetrockneten Stellen abschneiden, eventuell auch die äußeren Knollenblätter entfernen. Stengel abschneiden, Fenchelgrün für später zur Seite legen. Wurzelende abschneiden. Fenchel längs halbieren und in kleine Stücke schneiden. Korianderkörner im Mörser grob zerstoßen. Knoblauch abziehen. Fenchel und zerdrückten Knoblauch im Öl in einer großen Pfanne unter Rühren etwa acht Minuten bei mittlerer Hitze braten. Haselnußöl, Orangensaft, Chilisoße und Koriander verrühren. Fenchel aus der Pfanne nehmen, auf die Tomaten verteilen. Vorbereitete Soße in die Pfanne geben, einmal aufkochen lassen, dann sofort über die Tomaten gießen und mit gehacktem Fenchelgrün bestreuen.

Dazu: Geröstetes Brot

Schmeckt warm und kalt

Fertig in: 25 Minuten

Überbackene Tomaten✗

Leichtes Abendbrot

FÜR 2 PORTIONEN
1 kleine Zwiebel, 1 Knoblauchzehe, 4 Fleischtomaten à 150 g, Jodsalz, frisch gemahlener Pfeffer, 100 g Feta-Schafkäse, 3 Eßl. Rot- oder Weißwein oder Gemüsebrühe, 2 Eßl. Gemüsebrühe (Instant) oder 1–2 Teel. Olivenöl, 1/2 Teel. brauner Zucker, 3–4 Stengel Thymian.

Backofen auf 250 Grad, Umluft 225 Grad, Gas Stufe 5 vorheizen. Zwiebel und Knoblauch abziehen und fein würfeln. Tomaten abspülen, trockentupfen, halbieren und die Stengelansätze herausschneiden. Zuerst die Zwiebelwürfel, dann die Tomatenhälften in einer ofenfesten Form verteilen. Salzen, pfeffern und mit Knoblauchwürfeln bestreuen. Schafkäse in Scheiben schneiden und auf die Tomaten legen. Wein mit Gemüsebrühe oder Öl verrühren und über die Tomaten gießen. Schafkäse mit Zucker und abgezupften Thymianblättchen bestreuen und mit einigen Thymianstengeln belegen. Im Backofen auf der mittleren Schiene etwa 15 Minuten überbacken (→ Foto Seite 26 oben).

Dazu: Oliven, Peperoni und Fladenbrot oder Reis

Fertig in: 25 Minuten

TIP: Wenn Sie die Tomaten für viele Leute zubereiten wollen: einfach das Rezept verdoppeln oder verdreifachen und die Tomaten in einer Kasserolle oder in der Fettpfanne des Backofens überbacken. Statt Schafkäse schmeckt auch Ziegenfrischkäse.

Tomaten mit Möhrenfüllung✗

Hauptsaison für Tomaten: Juli bis Oktober

FÜR 2 PORTIONEN
2 große Tomaten, Jodsalz;
Füllung: *1–2 Eßl. Erdnußcreme, Saft von 1/2 Orange, 50 g Natur-Joghurt, 2–3 Stiele frischer Dill, Jodsalz, Tabasco, 2 mittelgroße Möhren (150 g); 2 Eßl. Natur-Joghurt.*

Tomaten waschen, trockenreiben, einen Deckel abschneiden. Das Tomateninnere mit einem Löffel herauskratzen und Tomaten von innen etwas salzen. **Füllung:** Erdnußcreme, Orangensaft, Tomateninneres und Joghurt glattrühren. Dill abspülen, trockentupfen, fein hacken und unterrühren. Mit Jodsalz und Tabasco abschmecken. Möhren schälen, auf der Rohkostreibe grob raspeln und unter die Soße mischen. Möhren in die Tomaten füllen und mit einem Klacks Joghurt servieren.

Dazu: Vollkornbrot

Fertig in: 15 Minuten

TOMATEN sind wahre Vitamin-C-Bomben, wenn sie aus dem Freilandanbau kommen. Reif und frisch geerntet sind sie doppelt so vitaminreich wie Tomaten aus dem Treibhaus. Wenn Sie Tomaten häuten oder entkernen, verwenden Sie Schale und Kerne möglichst anderweitig, denn Vitamine, Ballaststoffe und wichtige bioaktive Substanzen stekken darin: Die bioaktiven Flavonoide und Carotinoide, schützen vor bestimmten Krebsarten, vor Herz- und Kreislauf-Erkrankungen und stärken unser Immunsystem. **Und:** Das hauptsächlich vorkommende Carotinoid Lykopin ist hitzebeständig und daher auch noch im Ketchup enthalten.

Die phantastischen Vier: Nudeln, Reis, Kartoffeln, Mehl

Unentbehrlich sind sie, die Sattmacher Nudeln, Reis, Kartoffeln und Mehl. Und man kann sie so köstlich und vielfältig zubereiten, daß niemand auf die Idee käme, auf sie verzichten zu wollen! In diesem Kapitel gibt's seitenweise Rezepte für italienische Pasta und Pizza, für Reisspezialitäten aus aller Welt und für Köstliches aus Kartoffeln – von Baked Potatoes über Gratin bis zur feinen Kartoffelsuppe.

Spaghetti alla bolognese

Klassiker

FÜR 3 PORTIONEN
Hacksoße (Ràgu): *2 Möhren, 2 Stangen Staudensellerie, 1 Zwiebel, 2 Knoblauchzehen, 50 g Schinkenspeck, 1 Eßl. Olivenöl, 20 g Butter, 150 g Schweinemett, 150 g Beefsteakhack, Jodsalz, frisch gemahlener Pfeffer, 2 Eßl. getrocknete italienische Kräutermischung, 2 Eßl. Tomatenmark, 1 große Dose geschälte Tomaten (400 g), 100 ml Weiß- oder Rotwein (ersatzweise Hühnerbrühe), 1/2 Teel. Zucker, Muskatnuß, 1/2 Bund krause Petersilie;*
Nudeln: *300 g Spaghetti.*

Hacksoße: Möhren und Sellerie (→ Seite 145) schälen, Zwiebel und Knoblauchzehen abziehen, in feine Würfel schneiden. Schinkenspeck in feine Streifen schneiden. Olivenöl und Butter in einer großen Pfanne erhitzen, Gemüse und Speck darin unter Rühren fünf Minuten andünsten. Alles aus der Pfanne nehmen und zur Seite stellen. Mett und Hack in die Pfanne geben, etwa drei Minuten scharf anbraten, dabei mit einer Gabel zerkrümeln. Mit Jodsalz, Pfeffer und der Kräutermischung würzen. Gemüse und Speck, Tomatenmark, Tomaten, Wein und Zucker zugeben und aufkochen lassen. Pfanne schließen, auf kleiner Hitze 30 Minuten kochen lassen, dabei gelegentlich umrühren. Danach die Soße in der offenen Pfanne noch etwa drei Minuten einkochen lassen. Mit geriebener Muskatnuß, Jodsalz und Pfeffer abschmecken. Petersilie abspülen, trocknen, hacken und unterrühren.

→ **Nudeln**: Spaghetti in siedendem Salzwasser kochen , abgießen und mit Soße servieren.

Dazu: Frisch geriebener Parmesankäse (→ Seite 34)

Fertig in: 1 Stunde

TIP: Wenn Sie keine italienische Kräutermischung haben, nehmen Sie einen Eßlöffel Oregano, je eine kräftige Prise Rosmarin, Thymian, Salbei und ein Lorbeerblatt.

Variation: In der Emilia Romagna wird zusätzlich Hühnerleber in Butter angeschmort, in Würfel geschnitten und zum Ragù gegeben. Wird dieses Ragù zur Pasta serviert, fügt man noch eine Tasse süße Sahne hinzu. Ohne Sahne ist das Ragù die Füllung für Lasagne.

NUDELN KOCHEN: Für die perfekte Pasta braucht man einen großen, hohen Topf ohne Deckel und pro 100 Gramm Nudeln einen Liter Wasser.

- Erst wenn das Wasser kocht, pro Liter einen Teelöffel Salz zugeben. So löst sich das Salz besser auf und das Wasser kocht weiter, wenn die kalten Nudeln in den Topf kommen.
- Kein Öl ins Kochwasser geben! Nudeln nehmen die Soße besser auf, wenn sie ohne Öl gekocht wurden.
- Nudeln ins kochende Wasser geben, gründlich umrühren, damit sie nicht am Topfboden festhaften oder zusammenkleben.
- Die Kochzeit (siehe Packungs anweisung) beginnt erst nach dem Wiederaufkochen des Wassers.
- Kochtemperatur runterschalten. Das Wasser soll aber weiterhin sieden (so nennt man den Punkt kurz vor dem Kochen). Das erkennt man an den kleinen Bläschen im Wasser.
- Garprobe machen: Spaghetti sind al dente (bißfest), wenn sie noch ein bißchen „kernig" sind.
- Nudeln abgießen. Etwas Nudelwasser zurückbehalten, wieder zu den Nudeln geben, dann kleben sie nicht. Sofort mit Soße, Olivenöl oder Butter vermischen.
- Nur zu lange gekochte Nudeln mit kaltem Wasser abschrecken, damit sie nicht mehr nachgaren.
- Gekochte Nudeln halten sich zugedeckt zwei Tage im Kühlschrank.

WIEVIEL NUDELN? Als Hauptgericht rechnet man pro Portion 80 bis 100 Gramm, als Vorspeise 50 Gramm, als Beilage 60 bis 80 Gramm, als Suppeneinlage 20 bis 30 Gramm rohe Nudeln.

Makkaroni al forno

Preiswertes Gästeessen

FÜR 6 PORTIONEN
1 Paket TK-Blattspinat (300 g),
400 g kurze Makkaroni, Jodsalz,
3 Zwiebeln, 2 Porreestangen (ca. 400 g),
2 Eßl. Olivenöl, 5 Eier, 1/4 l Milch,
150 g Greyerzer Käse, Muskatnuß,
1/2 Teel. gemahlener Piment,
200 g Parmaschinken oder Südtiroler Schinkenspeck in hauchdünnen Scheiben, 1 Bund Petersilie,
Fett für die Form.

Spinat auf einem Sieb auftauen lassen. Die Nudeln in reichlich sprudelndem Salzwasser zehn Minuten kochen (→ Seite 30). Zwiebeln abziehen. Vom Porree welke Blätter entfernen, Wurzelenden abschneiden, längs halbieren, abspülen und trockentupfen. Zwiebeln und Porree grob hacken und in Olivenöl etwa drei Minuten andünsten. Abkühlen lassen. Eier, Milch und 100 Gramm grob geriebenen Käse verrühren und mit geriebener Muskatnuß, Piment und wenig Jodsalz würzen. Backofen auf 200 Grad, Umluft 170 Grad, Gas Stufe 2 vorheizen. Schinken in Streifen schneiden. Petersilie abspülen, trockentupfen und die Blättchen von den Stielen pflücken. Spinat ausdrücken und auseinanderpflücken. Restlichen Käse fein reiben. Abgetropfte Nudeln, Spinat, Zwiebeln, Porree, Schinkenstreifen und Petersilienblättchen vermischen und in eine große gefettete ofenfeste Form geben. Mit der Eiermilch begießen und mit dem geriebenen Käse bestreuen. Im Backofen auf der untersten Schiene etwa 40 Minuten backen.

Fertig in: 1 Stunde 20 Minuten

Variation: Ohne Schinken, dafür mit grob gehackten Nüssen oder Schafkäse wird ein vegetarischer Nudelauflauf daraus.

Übrigens „Al forno" heißt „aus dem Ofen". Man bezeichnet damit viele Backofengerichte, die mit heller Soße (Béchamelsoße) oder Eiermilch und Käse goldgelb überbacken werden.

Lasagne mit Spinat

Gut vorzubereiten

FÜR 5 PORTIONEN ALS HAUPTGERICHT, FÜR 8 PORTIONEN ALS VORSPEISE
2 Pakete TK-Blattspinat à 300 g, 200 g Feta-Schafkäse;
Tomatensoße: *1 Gemüsezwiebel, 3 Knoblauchzehen, 150 g getrocknete Tomaten in Öl, 2 mittelgroße Tomaten, 1 Eßl. Olivenöl, 1/2 Bund Oregano, 1/2 Teel. getrockneter Rosmarin, Jodsalz, frisch gemahlener Pfeffer;*
Béchamelsoße: *Grundrezept Lasagne alla bolognese (→ Seite 33) oder 3 x 1/4 l Instant-Helle Soße, Saft von 1 Zitrone, Jodsalz, frisch gemahlener Pfeffer, 3 Eier;*
Lasagne: *Fett für die Form; 250 g Lasagneblätter (ca. 15 Stück), 2 Eßl. Olivenöl.*

Spinat auf einem Sieb auftauen lassen. 150 g Feta-Käse fein würfeln oder zerbröckeln.

Tomatensoße: Zwiebel und Knoblauch abziehen und fein würfeln. Getrocknete Tomaten (→ Seite 33) abtropfen lassen und in feine Streifen schneiden. Frische Tomaten abspülen, Kerngehäuse entfernen und fein würfeln. Zwiebel und Knoblauch in einer großen Pfanne in Olivenöl fünf Minuten andünsten. Oregano abspülen, trockentupfen und Blätter abzupfen. Getrocknete und frische Tomaten, etwa einen Eßlöffel Oreganoblättchen und den Rosmarin dazugeben und in der offenen Pfanne drei Minuten bei starker Hitze kochen. Etwas salzen und pfeffern.

Béchamelsoße: Béchamelsoße oder Instant-Soße mit Zitronensaft, Jodsalz und Pfeffer abschmecken. Eier verquirlen und unterrühren. Backofen auf 200 Grad, Umluft 170 Grad, Gas Stufe 3 vorheizen. Spinat ausdrücken und mit dem gewürfelten Feta-Käse vermischen. Eine eckige ofenfeste Form ausfetten und den Boden mit etwas Béchamelsoße und Lasagneblättern bedecken. Nun abwechselnd Tomatensoße, Spinat, Béchamelsoße und Lasagneblätter hineinschichten. Die letzte Schicht sollte Béchamelsoße sein. Restlichen Feta-Käse fein raffeln, auf die Lasagne streuen und mit dem Olivenöl beträufeln. Im Backofen auf der untersten Schiene etwa 45 Minuten backen. Eventuell nach der Hälfte der Backzeit mit Pergamentpapier abdecken. Vor dem Servieren zehn Minuten ruhen lassen und mit den restlichen Oreganoblättchen bestreuen.

Fertig in: 1 Stunde 30 Minuten

TIP: Lasagne kann Stunden vor dem Essen vorbereitet und eingeschichtet werden. Dann gehört sie aber in den Kühlschrank. Vor dem Backen zehn Minuten bei Zimmertemperatur stehen lassen.

GRUNDREZEPT

Lasagne alla bolognese

FÜR 5 PORTIONEN ALS HAUPTGERICHT, FÜR 8 PORTIONEN ALS VORSPEISE

Ragù: *1 Rezept Hacksoße (→ Spaghetti alla bolognese, Seite 30);*
Béchamelsoße: *60 g Butter oder Margarine, 60 g Mehl, 3/4 l fettarme Milch, Jodsalz, frisch gemahlener Pfeffer, Muskatnuß;*
Lasagne: *Fett für die Form; 250 g Lasagneblätter (ca. 15 Stück), 120 g geriebener Parmesankäse, 2 Eßl. Butterflöckchen.*

Ragù: Hacksoße vorbereiten.
Béchamelsoße: Fett in einem hohen Topf mit dickem Boden (damit die Soße nicht anbrennt!) schmelzen und aufschäumen lassen (→ Foto 1). Topf von der Kochstelle nehmen, Mehl auf einmal dazugeben, dann diese „Mehlschwitze" sofort kräftig mit einem Schneebesen glattrühren (→ Foto 2), damit sich keine Klumpen bilden. Topf wieder auf die Kochstelle stellen, die Hälfte der Milch zugießen (→ Foto 3) und bei mittlerer Hitze so lange rühren, bis die Soße ohne Klümpchen ist. Nun die restliche Milch zufügen, unter ständigem Rühren aufkochen und drei Minuten kochen lassen. Béchamelsoße mit Jodsalz, Pfeffer und geriebener Muskatnuß abschmekken und zur Seite stellen.
Lasagne: Backofen auf 175 Grad, Umluft 150 Grad, Gas Stufe 2 vorheizen. Ofenfeste Form (etwa 1,5 l Inhalt) ausfetten. Eine Suppenkelle Béchamelsoße einfüllen. Darauf eine Schicht ungekochte Lasagneblätter so nebeneinanderlegen, daß die Blätter an den Rändern etwas übereinanderliegen. Eine Suppenkelle Béchamelsoße und drei Eßlöffel Hacksoße darauf verteilen (→ Foto 4) und mit einem Eßlöffel Parmesankäse (→ Seite 34) bestreuen. So weiterschichten, bis alle Zutaten aufgebraucht sind. Die letzte Schicht sollte Béchamelsoße sein, die mit dem restlichen Käse bestreut und mit Butterflöckchen belegt wird. Im Backofen auf der mittleren Schiene etwa 45 Minuten backen. Eventuell nach der Hälfte der Zeit mit Pergamentpapier abdecken. Lasagne vor dem Servieren zehn Minuten ruhen lassen.

Fertig in: 2 Stunden

1

2

3

4

GETROCKNETE TOMATEN

gibt's in italienischen oder türkischen Lebensmittelgeschäften und auch in vielen Supermärkten. Getrocknete Tomaten aus der Tüte können Sie bei Pasta, Reis und Soßen mitgaren. Tomaten in Öl können Sie sofort kalt verwenden. Sie halten sich, mit Öl bedeckt, im Kühlschrank etwa drei Monate.

TIP: Kaufen Sie Lasagneblätter, die man nicht vorkochen muß (steht auf der Packung). Beim Einschichten darauf achten, daß die „trockenen" Lasagneblätter vollständig mit Ragù bedeckt sind, sonst werden sie nicht weich. Wenn Sie nur runde Auflaufformen haben, können Sie die Lasagneblätter einfach mit einer Schere passend zurechtschneiden. Die Reste mit einschichten.

Penne all'arrabbiata

Einfach, schnell und preiswert

FÜR 4 PORTIONEN
2 Zwiebeln, 2 Knoblauchzehen,
150 g Frühstücksspeck (Bacon),
1 große Dose geschälte Tomaten (480 g),
400 g Penne-Nudeln, Jodsalz,
2 Eßl. Butter oder Öl,
1 getrocknete Chilischote oder
1/2 Teel. zerstoßene Chilischoten,
50 – 100 g Parmesankäse.

1

2

3

Zwiebeln und Knoblauch abziehen, halbieren und in Scheiben schneiden. Speck in feine Streifen schneiden. Dosentomaten mit einer Gabel in einem Sieb zerdrücken, Tomatenflüssigkeit auffangen. Nudeln nach Packungsanweisung in reichlich Salzwasser kochen (→ Seite 30). Währenddessen Butter zerlassen. Speck, Zwiebeln und Knoblauch dazugeben und bei milder Hitze andünsten (→ Foto 1). Tomaten, Tomatenflüssigkeit und ganze oder zerstoßene Chilischote dazugeben (→ Foto 2), einmal aufkochen lassen. → Parmesankäse reiben und drei Eßlöffel davon in die Soße geben (→ Foto 3). Nudeln abgießen, eine halbe Tasse Kochwasser auffangen, Nudeln mit der Tomatensoße und dem Kochwasser vermischen (→ Foto 4). Restlichen Parmesankäse zu den Nudeln servieren.

4

Fertig in: 25 Minuten

ECHTER PARMESANKÄSE aus Italien heißt Parmigiano Reggiano und Grana Padano. Der feingeriebene „Parmesan", der in Tüten und Streuern verkauft wird, ist meist eine Mischung aus verschiedenen getrockneten Hartkäsesorten. Parmigiano Reggiano kommt aus Parma, das auch für seine Schinken berühmt ist. Grana Padano wird im Piemont und in der Lombardei hergestellt. Diese Sorten gibt´s im Stück an der Käsetheke. Sie sind frisch gerieben besonders aromatisch.

Spaghettini mit Käse-Basilikum-Soße

Blitzrezept

FÜR 2 PORTIONEN:
*1/2 unbehandelte Zitrone,
1 Bund Basilikum, 80 g Gorgonzola-Käse,
2 Eigelb, 3 Eßl. Crème fraîche, Jodsalz,
frisch gemahlener Pfeffer,
200 g Spaghettini, 1 Eßl. Butter.*

Zitrone heiß abspülen und trockentupfen. Einen breiten Streifen Zitronenschale dünn abschälen und in feine Streifen schneiden. Basilikum abspülen, trockentupfen und ebenfalls in feine Streifen schneiden. (Nicht hacken, sonst tritt zuviel Saft aus und das Basilikum wird schwarz!) Zitronenschale und Basilikum vermischen. Gorgonzola-Käse in feine Würfel schneiden. Eigelb, Crème fraîche, Käse, Jodsalz und Pfeffer gründlich zu einer Creme verrühren. Spaghettini nach Packungsanweisung in reichlich Salzwasser bißfest kochen (→ Seite 30). Abgießen und sofort mit Butter, Basilikum und Zitronenschale vermischen. Eiercreme dazugeben und vermischen, bis der Käse geschmolzen ist, dann kräftig pfeffern.

Fertig in: 15 Minuten

Türkische Reisnudelpfanne

Schnell

FÜR 2 PORTIONEN
*200 g Kalbsschnitzel, 1 Teel. Speisestärke, 1/2 Teel. Rosen-Paprika,
2 große Möhren (350 g), 1 Zucchino (200 g), 2 Eßl. Olivenöl,
150 g türkische Reisnudeln oder italienische Risini-Nudeln
(ersatzweise Sternchennudeln), 200 ml Kalbsfond (Glas) oder
Rinderbrühe (Instant), 1 Eßl. Tomatenmark oder
2 Eßl. Tomatenketchup, Saft von 1 Zitrone, 2 Eßl. Crème fraîche,
Jodsalz, frisch gemahlener Pfeffer,
50 g türkischer Hartkäse aus Schafmilch (Kasar Peynir) oder
italienischer Pecorino-Käse aus Schafmilch.*

Fleisch in feine Streifen schneiden und mit Speisestärke und → Rosen-Paprika vermischen. Möhren schälen. Zucchino abspülen und trockentupfen. Beides auf der Rohkostreibe grob raspeln. Öl in einer großen Pfanne erhitzen. Fleischstreifen hineingeben, mit zwei Bratenwendern auseinanderzupfen und hellbraun braten. Nudeln zufügen und kurz andünsten. Kalbsfond, Tomatenmark und Zitronensaft vermischen und zugießen. In der offenen Pfanne etwa zehn Minuten kochen, bis die Flüssigkeit verdampft ist. Gemüseraspel und Crème fraîche unterrühren und mit Jodsalz und Pfeffer abschmecken. Vor dem Servieren mit geriebenem Schafkäse bestreuen.

ROSEN-PAPRIKA ist das schärfste Paprikagewürz. Im Gegensatz zu edelsüßem Paprika werden bei der Herstellung die Paprikaschoten samt Samenkörnern und Scheidewänden vermahlen. In denen sitzt das Alkaloid Capsaicin, das für die brennende Schärfe verantwortlich ist.

Fertig in: 30 Minuten

Rohe Tomatensoße ×

Ganz schnell

FÜR 3 PORTIONEN
3–4 Lauchzwiebeln, 2 Knoblauchzehen, 1 kleine Dose geschälte Tomaten (240 g), 1 Eßl. Tomatenmark, 1-2 Teel. Zucker, Jodsalz, 3–4 Pimentkörner, 1 Teel. Rotwein-Essig, 3 Eßl. Olivenöl.

Von den Lauchzwiebeln welke Blätter entfernen, Stielansansätze abschneiden, das Weiße grob hacken, das Grüne in feine Ringe schneiden. Knoblauch abziehen. Tomaten, Tomatenmark, das Weiße der Lauchzwiebeln, Knoblauch, Zucker, Jodsalz, Pimentkörner, Essig und Olivenöl mit dem Schneidstab des Handrührers oder im Mixer pürieren. Die Lauchzwiebelringe unterrühren und mit Jodsalz und Zucker abschmecken.

Dazu: Nudeln (→ Seite 30)

Fertig in: 10 Minuten

Tomaten-Möhren-Soße ×

Scharf und gesund

FÜR 3 PORTIONEN
400 g Strauchtomaten oder Flaschentomaten, 2 große Möhren (400 g), 2 Zwiebeln, 1 Stück frischer Ingwer (30 g), 2 Eßl. Olivenöl, 100 ml Möhrensaft (Reformhaus), 2 Eßl. Chili-Ketchup, Jodsalz, grober Pfeffer.

→ Tomaten abziehen und in feine Stücke schneiden. Möhren schälen und auf der Rohkostreibe fein raspeln. Zwiebeln abziehen. Ingwer (→ Seite 111) schälen. Zwiebeln und Ingwer fein würfeln. Zwiebeln, Ingwer, Möhren und Olivenöl in einer großen Pfanne fünf Minuten dünsten. Möhrensaft, Ketchup und Tomatenstücke zugeben und bei großer Hitze einmal aufkochen. Mit Jodsalz und Pfeffer kräftig abschmecken.

Dazu: Nudeln (→ Seite 30)

Fertig in: 25 Minuten

TOMATEN ABZIEHEN
geht ganz einfach: Mit einem spitzen Messer den Stielansatz der Tomate herausschneiden. Mit kochendem Wasser überbrühen. Etwa 30 Sekunden warten, dann unter kaltem Wasser abspülen und vom Stielansatz her mit dem Messer abziehen.

Linguini aglio e olio ˣ

Klassiker aus Italien

FÜR 3 PORTIONEN

3–5 Knoblauchzehen, 1–2 frische rote Chilischoten, 1 Bund glatte Petersilie, 5–6 Eßl. Olivenöl, Jodsalz, 300 g Linguini oder Spaghetti.

Knoblauch abziehen und in Scheiben schneiden. → Chilischoten seitlich aufschneiden, entkernen und in Ringe schneiden (dabei wegen der Schärfe mit Gummihandschuhen arbeiten). Petersilie abspülen, trockentupfen und grob hacken. Knoblauch, Chiliringe und Öl in einer großen Pfanne erhitzen. Sobald der Knoblauch Farbe annimmt, die Pfanne vom Herd nehmen und die Petersilie unterrühren. Mit frisch gekochten Nudeln (→ Seite 30) und einer halben Tasse Nudelwasser vermischen und sofort servieren. Eventuell mit Jodsalz würzen.

Fertig in: 20 Minuten

CHILI ist das schärfste Gewürz der Welt. Unreif und grün werden Chilischoten als „Peperoni" geerntet. Mit zunehmender Reife werden sie gelb, orange, schließlich dunkelrot und glänzend (→ Foto). Frische Chilischoten sollten Sie wegen der Schärfe nur mit Gummihandschuhen anfassen. Ganze getrocknete Chilischoten heißen Piri-Piri oder Peperoncino. Grob zerstoßen oder gemahlen sind sie als Cayennepfeffer im Handel. Chilipulver dagegen ist oft eine Mischung aus Cayennepfeffer und anderen Gewürzen. In vielen Nationalküchen werden Chili-Pasten oder -soßen verwendet. Die berühmteste ist Tabasco, die man nur tropfenweise verwenden darf. Chili ist als Pulver, püriert oder getrocknet schärfer als frischer Chili, deshalb immer ein Drittel weniger Pulver nehmen, wenn im Rezept frischer Chili angegeben ist.

Pesto alla genovese

Vielseitig verwendbar

FÜR 6 PORTIONEN

50 g Pinienkerne, 2–3 Knoblauchzehen, 50 g Pecorino-Käse (Hartkäse aus Schafmilch), 5–6 Bund Basilikum, 1/2 Teel. Jodsalz, 150–200 ml Olivenöl.

Pinienkerne in einer Pfanne ohne Fett leicht anrösten. Herausnehmen und abkühlen lassen. Knoblauch abziehen. Käse in Stücke schneiden. Pinienkerne und Käse getrennt im Mixer oder im Blitzhacker fein hacken. Basilikum abspülen, trockentupfen, Basilikumblätter von den Stielen zupfen und grob hacken. Basilikum, Knoblauch, Jodsalz und 150 ml Öl im Mixer oder Blitzhacker pürieren. Pinienkerne und Käse zugeben und etwa drei Sekunden durchmixen. Oder alle Zutaten nacheinander im Mörser (→ Seite 9) zerstoßen und vermischen. Pesto in Gläser füllen, mit Olivenöl bedecken und gut verschließen.

Dazu: Spaghetti; dafür eine halbe Tasse heißes Nudelwasser, 400 Gramm gekochte Spaghetti (→ Seite 30) und drei Eßlöffel Pesto vermischen. Restliches Pesto dazu servieren.

Fertig in: 30 Minuten

TIP: Pesto hält sich im Kühlschrank in einem verschlossenen Schraubglas etwa zwei Monate. Es schmeckt nicht nur gut zu Nudeln, sondern auch zu kaltem Fleisch- oder Geflügelaufschnitt und zu Suppen und Eintöpfen. Also am besten die doppelte Menge des Rezeptes für den Vorrat zubereiten.

GRUNDREZEPT

Hühnerbrühe

1 frisches Suppenhuhn (etwa 1,5 kg) oder 1 Poularde (etwa 1,3 kg), 2 Päckchen TK-Suppengrün à 50 g, 1/2 Bund glatte Petersilie, 1/2 Teel. weiße Pfefferkörner, 1 gehäufter Teel. Jodsalz.

Das Suppenhuhn gründlich unter fließend kaltem Wasser abspülen. In einen großen Topf legen und kaltes Wasser zugießen, bis das Huhn bedeckt ist. Suppengrün, gewaschene Petersilie mit Stielen, Pfefferkörner und Jodsalz zugeben und aufkochen. Auf kleine Hitze schalten und zugedeckt zwei Stunden kochen lassen. Das Huhn ist gar, wenn sich die Hühnerschenkel leicht aus den Gelenken drehen lassen. Das Huhn aus der Brühe heben, auf einem Sieb abtropfen und abkühlen lassen. Hühnerbrühe durch ein Sieb gießen. Die Haut des Huhns mit den Händen abziehen. Das Fleisch von den Knochen trennen (ganz einfach!) und in Stücke teilen. Verwenden Sie das gekochte Hühnerfleisch für Salate, Füllungen, Ragout oder Frikassee. Die Hühnerbrühe ist Basis für Suppen und Soßen.

Fertig in: 2 Stunden

Glasnudelsuppe

Ganz einfach

FÜR 4 PORTIONEN
20 g getrocknete Shiitake-Pilze (etwa 10 Stück), 75 g Glasnudeln, 3 Hähnchenbrustfilets à 150 g, 1 Stück frischer Ingwer (50 g), 1 Bund Lauchzwiebeln, 1 frische rote Chilischote, 1 l Hühnerbrühe (→ Grundrezept, ersatzweise Instant), Saft von 1/2 Zitrone, 1/2 Teel. Chinese-Five-Spice (chinesische Gewürzmischung); Jodsalz, 2–3 Eßl. helle Sojasoße.

Getrocknete Pilze mit einem Viertelliter kochendem Wasser überbrühen und 30 Minuten einweichen. Glasnudeln ebenfalls mit kochendem Wasser überbrühen und fünf Minuten stehen lassen. Abgießen und die Nudeln mit einer Schere in etwa 5 cm lange Stücke schneiden. Hähnchenfilets abspülen, trockentupfen und in feine Streifen schneiden. Ingwer (→ Seite 111) mit einem Sparschäler dünn schälen und in dünne Scheiben schneiden. Von den Lauchzwiebeln welke Blätter entfernen, Wurzelenden abschneiden und schräg in feine Ringe schneiden. Die Chilischote (→ Seite 37) längs aufschneiden, Kerne herauskratzen und die Chilischote in feine Würfel schneiden (wegen der Schärfe mit Gummihandschuhen arbeiten). Pilze aus dem Einweichwasser nehmen (Einweichwasser aufheben) und abtropfen lassen. Die Stiele abschneiden und wegwerfen, die Pilzkappen in Streifen schneiden. Hühnerbrühe, Zitronensaft und die Pilze mit dem Einweichwasser, Ingwer und der Gewürzmischung in einem großen Topf aufkochen und bei kleiner Hitze fünf Minuten kochen. Hühnerfleisch, Glasnudeln, Lauchzwiebeln und Chili zufügen, einmal aufkochen und mit Jodsalz und Sojasoße abschmecken.

Fertig in: 50 Minuten

Übrigens Nudeln dürfen in Asien bei keinem Geburts-Festessen fehlen, denn sie verheißen dem Neugeborenen Glück, Gesundheit, Wohlstand und ein langes Leben.

Chinesische Eiernudeln mit Entenbrust

Scharf

FÜR 3 PORTIONEN

150 g Zuckerschoten, Jodsalz,
200 g chinesische Eiernudeln,
2 Entenbrustfilets (à 200 g),
1 Teel. Speisestärke, 1 Knoblauchzehe,
1 frische rote Chilischote,
6 Eßl. süße Sojasoße,
2–3 Eßl. süß-scharfe Chilisoße,
2 Eßl. geröstetes Sesamöl, 1/2 Bund Koriander, 2 Eßl. Öl, 1 Eßl. Sesamsaat.

Zuckerschoten putzen (→ Seite 81). Reichlich Salzwasser aufkochen und Zuckerschoten darin eine Minute kochen. Mit einer Schaumkelle herausnehmen, auf ein Sieb geben und kalt abspülen. Salzwasser wieder aufkochen, Nudeln zugeben und auf der ausgeschalteten Kochstelle fünf Minuten ziehen lassen (Gas nach drei Minuten auf kleinster Stufe wieder anstellen). Nudeln abgießen und kalt abspülen. Die Haut der Entenbrustfilets mit einem spitzen Messer abschneiden. Entenbrust in hauchdünne Scheiben schneiden und mit Speisestärke vermischen. Knoblauchzehe abziehen. Chilischote (→ Seite 37) längs aufschneiden und Kerne herauskratzen (wegen der Schärfe mit Gummihandschuhen arbeiten). Knoblauch und Chilischote fein hacken. Sojasoße, Chilisoße, → Sesamöl und zwei Eßlöffel Wasser zu einer Soße verrühren. Koriander abspülen und in feine Streifen schneiden. In einer großen Pfanne oder in einem Wok das Öl erhitzen. Fleisch, Knoblauch und Chili hineingeben und unter Rühren kurz scharf anbraten. Nudeln, Zuckerschoten und Sesamsaat dazugeben und alles gründlich vermischen. Angerührte Soße dazugeben, einmal aufkochen, auf eine große Platte geben und mit Koriander bestreuen.

Fertig in: 40 Minuten

GERÖSTETES SESAMÖL

ist ein dunkles, dickflüssiges Öl aus gerösteten Sesamsamen, das in der chinesischen Küche zum Würzen verwendet wird. Zum Braten ist das Öl nicht geeignet. Es wird schnell ranzig, deshalb nur kleine Mengen kaufen. Kühl und trocken lagern.

Risotto mit Wein und Spargel

Für Gäste

FÜR 4 PORTIONEN ALS HAUPTGERICHT
ODER FÜR 6 PORTIONEN ALS VORSPEISE

Spargel: *400 g grüner Spargel, Jodsalz, 1/2 Teel. Zucker, Saft von 1/2 Zitrone;*

Risotto: *1 Zwiebel, 1 Knoblauchzehe, 1 Eßl. Olivenöl, 1 Eßl. Butter, 300 g Risotto-Reis, 1 l Hühnerbrühe (Instant), 1/4 l trockener Weißwein, Jodsalz, 1/2 Bund glatte Petersilie, 2 Eigelb, 100 g Schlagsahne oder Crème fraîche, 70 g echter Parmesankäse, Muskatnuß, frisch gemahlener Pfeffer.*

Übrigens Italien ist Europas größter Reisproduzent. Kein Wunder also, daß es in keinem anderen europäischen Land so viele Rezepte für Risotto und Riso gibt. Die Rezepte sind vielfältig: Im Landesinneren werden oft Pilze, Trüffeln oder Wild verwendet, an den Küsten Meeresfrüchte, Sardellen und Tintenfisch. Fast immer dabei: frisch geriebener Parmesankäse.

Spargel: Den Spargel abspülen, trockentupfen und nur das untere Stangenende dünn mit einem Sparschäler abschälen. Spargelstangen in 3 cm lange Stücke schneiden. Einen halben Liter Salzwasser mit Zucker und Zitronensaft aufkochen. Die Spargelstücke darin acht bis zehn Minuten bei kleiner Hitze kochen. Auf einem Sieb abtropfen lassen und in einer abgedeckten Schale warm stellen.

Risotto (→ Seite 41): Zwiebel und Knoblauchzehe abziehen und fein würfeln. Olivenöl und Butter in einer Sauteuse oder einem Stieltopf erhitzen. Zwiebel- und Knoblauchwürfel darin andünsten. Reis zufügen und unter Rühren glasig dünsten. Daneben die Hühnerbrühe erhitzen. Den Wein zum Reis gießen, etwas salzen. Jetzt so lange rühren, bis der Wein verdampft ist. Eine Kelle Hühnerbrühe zugeben und bei mittlerer Hitze etwa 20 Minuten im offenen Topf kochen, dabei die Brühe nach und nach so zugießen und unterrühren, daß der Reis immer mit Flüssigkeit bedeckt ist. Zum Schluß soll das Risotto eine cremige Konsistenz haben. Petersilie fein hacken. Eigelb, Sahne, 30 Gramm frisch geriebenen Parmesankäse (→ Seite 34) und eine Prise frisch geriebene Muskatnuß verrühren und mit Petersilie vorsichtig unter den Reis ziehen. Mit Jodsalz und Pfeffer abschmecken. Zwei Minuten ruhen lassen. Reis und Spargel auf Portionsteller füllen, mit restlichem Parmesan bestreuen und sofort servieren.

Fertig in: 1 Stunde

Pilz-Risotto mit Rotwein

Raffiniert

FÜR 4 PORTIONEN ALS HAUPTGERICHT ODER FÜR 6 PORTIONEN ALS VORSPEISE
20 g getrocknete Steinpilze, 300 ml Rotwein, 1 kleiner Zweig Rosmarin, 1 Zwiebel, 1 mittelgroße Möhre, 800 ml Gemüsebrühe (Instant), 2 Eßl. Olivenöl, 2 Eßl. Butter, 250 g Risotto-Reis, Jodsalz, 40 g echter Parmesankäse, frisch gemahlener Pfeffer.

Steinpilze in Rotwein etwa 30 Minuten einweichen. Rosmarinnadeln von den Stielen streifen und fein hacken. Zwiebel abziehen, Möhre schälen und beides fein würfeln. Steinpilze abtropfen lassen, Rotwein auffangen. Steinpilze in feine Streifen schneiden. Gemüsebrühe erhitzen. Olivenöl und einen Eßlöffel Butter in einem Stieltopf erhitzen. Zwiebel- und Möhrenwürfel, Rosmarin und Steinpilze darin andünsten. Reis zufügen und unter Rühren glasig dünsten. Aufgefangenen Rotwein zugießen und mit einer Prise Jodsalz würzen. Dabei ständig mit dem Holzlöffel rühren, bis der Wein verdampft ist. Eine kleine Kelle Brühe zugeben und bei kleiner Hitze etwa 20 Minuten im offenen Topf kochen, dabei gelegentlich umrühren. Brühe nach und nach so unterrühren, daß der Reis immer mit Flüssigkeit bedeckt ist. Zum Schluß frisch geriebenen Parmesankäse (→ Seite 34) und restliche Butter unter den Reis rühren und mit Jodsalz und Pfeffer abschmecken.

Dazu: Gebratene Austernpilze oder andere Pilze

Fertig in: 1 Stunde 15 Minuten

GRUNDREZEPT

Risotto mit Wein

FÜR 4 PORTIONEN ALS HAUPTGERICHT ODER FÜR 6 PORTIONEN ALS VORSPEISE
2–3 Schalotten, 2 Eßl. Olivenöl, 3 Eßl. Butter, 250 g Risotto-Reis, 1 l Gemüse-, Pilz-, Hühner- oder Rinderbrühe (Instant), 1/4 l trockener Weißwein, Jodsalz, 40 g echter Parmesankäse, frisch gemahlener Pfeffer.

Schalotten abziehen und fein würfeln. Olivenöl und einen Eßlöffel Butter in einer Sauteuse oder einem Stieltopf erhitzen (→ Fotos). Schalottenwürfel darin andünsten, nicht bräunen. Reis zufügen (→ Foto 1) und glasig dünsten. Daneben die Brühe erhitzen. Wein zum Reis gießen (→ Foto 2), etwas salzen. Dabei ständig mit einem Holzlöffel rühren (→ Foto 3), bis der Wein verdampft ist (→ Foto 4). Eine Kelle Brühe zugeben und bei kleiner Hitze etwa 20 Minuten im offenen Topf kochen, gelegentlich umrühren. Brühe nach und nach so zugießen und unterrühren, daß der Reis immer mit Flüssigkeit bedeckt ist. Zum Schluß frisch geriebenen Parmesankäse (→ Seite 34) und restliche Butter unter den Reis rühren und mit Jodsalz und Pfeffer abschmecken (→ Foto 5). Das Risotto soll feucht, saftig und al dente (bißfest) sein.

Fertig in: 1 Stunde

1

2

3

4

5

Dazu: Gebratene Austernpilze
400 Gramm Austernpilze (→ Seite 77) putzen, Stielenden abschneiden und große Exemplare eventuell in Streifen schneiden. Je 1 Eßl. Olivenöl und Butter in einer großen Pfanne erhitzen, Pilze zugeben und unter Rühren etwa fünf Minuten braten. Salzen, pfeffern und mit 1 Eßl. gehackter Petersilie bestreuen.

RISOTTO, das cremige italienische Reisgericht, braucht ganz spezielle Mittelkorn-Reissorten, die alle aus Italien kommen. Sie heißen Arborio- (nicht zu verwechseln mit dem ebenfalls aus Italien kommenden „Avorio“ = Parboiled-Reis), Vialone- und Carnaroli-Reis. Sie sind erhältlich in italienischen Lebensmittelgeschäften, im gut sortierten Feinkosthandel (Kaufhäuser) oder aus Bio-Anbau im Reformhaus. Runder Milchreis oder Langkornreis sind kein Ersatz.

Fried Rice (Gebratener Reis)

Auch zum Verwerten von Resten

FÜR 3 PORTIONEN
Jodsalz, 200 g Langkornreis, 9 ungeschälte Garnelenschwänze, 2 Eßl. helle Sojasoße, 2 Eßl. trockener Sherry, Sake (japanischer Reiswein) oder Orangensaft, 1–2 Eßl. süß-scharfe Chilisoße, 6–8 Lauchzwiebeln, 2 Knoblauchzehen, 1 Stück frischer Ingwer (30 g), 1 reife Mango (ersatzweise 2 Bananen), 3 Eßl. Öl, 2–3 Teel. mildes Currypulver, 1/2 Bund Koriander.

Drei Viertelliter Salzwasser aufkochen. Reis zugeben, aufkochen und bei mittlerer Hitze 15 bis 20 Minuten kochen. Über einem Sieb abgießen und abtropfen lassen, erkalten lassen. Garnelenschwänze bis auf die Schwanzflossen aus den Schalen lösen. Am Rücken entlang einschneiden und den dunklen Darm entfernen (→ Seite 112). Garnelen kurz abspülen und trockentupfen. Sojasoße, Sherry und einen Eßlöffel Chilisoße verrühren und über die Garnelen gießen. Von den Lauchzwiebeln welke Blätter entfernen, Wurzelenden abschneiden und in 3 cm dicke Stücke schneiden. Knoblauch abziehen, Ingwer (→ Seite 111) schälen und beides fein hacken. Mango schälen, das Fruchtfleisch längs vom Stein schneiden und würfeln. Das Öl in einer großen Pfanne erhitzen. Die Garnelen aus der Marinade nehmen (Marinade für später aufheben), trockentupfen und im heißen Fett unter Rühren etwa drei Minuten braten. Herausnehmen und warm stellen. Knoblauch, Ingwer und Lauchzwiebeln ins Bratfett geben und unter Rühren kurz andünsten. Zwei Teelöffel Curry zufügen und kurz andünsten. Den kalten Reis in die Pfanne geben und unter Rühren etwa fünf Minuten braten. Mit Garnelenmarinade beträufeln. Mangowürfel und Garnelen unter den Reis mischen und erhitzen. Koriander abspülen, trockentupfen, Blättchen abzupfen. Fried Rice mit Jodsalz, Chilisoße und Curry abschmecken und mit Korianderblättchen bestreuen.

Fertig in: 45 Minuten; Reis 1 Stunde kühl stellen

Variationen:
Wenn Sie gekochten Reis im Kühlschrank haben, ist Fried Rice ein schnelles Reste-Essen. Ob Gemüse, Pilze, Nüsse, Braten- oder Geflügelreste, kleine Mengen Brühwurst oder gekochter Schinken, Ananas, Banane oder Rosinen – zu Reis paßt alles.

Fried Rice mit Ei:
Drei Eier kurz verquirlen, ins Bratfett geben und den Reis zufügen, kurz bevor die Eier zu stocken beginnen, kräftig untermischen. Mit Sojasoße würzen und mit gehackten Lauchzwiebeln bestreuen.

LAUCHZWIEBELN (Frühlingszwiebeln) sind milder und feiner als Haushaltszwiebeln. Sie sind als Bundware das ganze Jahr auf dem Markt. Im Sommer, wenn sie aus dem Freiland kommen, sind sie größer und knackiger als im Winter.

Übrigens Die bekanntesten Langkorn-Reissorten sind Patnareis aus Vorderindien, Siamreis aus Hinterindien und Karolinareis aus Nordamerika.

Jambalaya (Reiseintopf)

Klassiker aus den Südstaaten der USA

FÜR **4** PORTIONEN

2 rote Paprikaschoten, 1 grüne Paprikaschote, 3 Zwiebeln, 3–4 Knoblauchzehen, 200 g spanische Räucherwurst (Chorizo, ersatzweise Cabanossi), 1 dicke Scheibe gekochter Schinken (100 g), 3 Eßl. Öl, 300 ml Tomatensaft, 1 große Dose geschälte Tomaten (480 g), Jodsalz, 1 Teel. Zucker, je 3 Zweige Majoran und Thymian, 150 g Langkorn- oder Parboiled-Reis, 8 ungeschälte Garnelenschwänze, Cayennepfeffer oder Chilipulver, Worcestershiresoße.

Paprika halbieren und entkernen. Dann abspülen, trockentupfen und in kleine Würfel schneiden. Zwiebeln und Knoblauch abziehen und fein würfeln. Wurst in Scheiben schneiden. Schinken würfeln. Zwiebeln, Knoblauch und Öl in eine große Pfanne (mit Deckel) geben und glasig dünsten. Schinkenwürfel, Tomatensaft, Tomaten mit der Flüssigkeit, Jodsalz, Zucker und Majoran- und Thymianzweige zugeben und aufkochen lassen. → Reis, Paprika und Wurst unterrühren und etwa 25–30 Minuten zugedeckt garen. Garnelen bis auf die Schwanzflossen aus der Schale lösen. Am Rücken entlang einschneiden und den dunklen Darm entfernen (→ Seite 112). Eintopf mit Jodsalz, Cayennepfeffer und Worcestershiresoße (→ Seite 13) abschmecken. Die Garnelen zufügen und noch fünf Minuten garen. Vor dem Servieren Thymian- und Majoranzweige entfernen.

Fertig in: 1 Stunde

TIP: Gekochter Reis hält sich sieben Tage im Kühlschrank und sechs Monate im Tiefkühler.

LANGKORNREIS ist weiß und glatt, wenn er geschält und poliert wurde. Vorteil: Der Reis ist lange haltbar; beim Kochen bleibt er trocken, locker und körnig. Nachteil: Viele wertvolle Inhaltsstoffe gehen durch das Schälen verloren. Eine gute Alternative ist Parboiled-Reis. Dabei werden Vitamine, Mineralstoffe und Spurenelemente aus der Silberhaut, die das Reiskorn umgibt, mit Dampfdruck ins Korninnere gepreßt und versiegelt. Erst danach wird der Reis geschält. Der gelbliche Parboiled-Reis wird beim Kochen weiß und kann wie Langkornreis verwendet werden.

Übrigens Jambalaya oder Yambalaya war ursprünglich ein brasilianischer Reiseintopf mit gekochtem Huhn. Diese Version mit Garnelen ist in der kreolischen Küche der südlichen USA entstanden.

Pulao

Körniges Reisgericht aus Indien

BASMATIREIS ist die edelste und teuerste Langkorn-Reissorte. „Basmati" bedeutet Duft, weil der gegarte Reis milchig und süß duftet und ein feines nussiges Aroma entwickelt. Basmatireis wächst nur in wenigen Gegenden Indiens und in Pakistan.

FÜR 4 PORTIONEN

200 g Zwiebeln, 4 Knoblauchzehen, 1 Stück frischer Ingwer (50 g), je 1 frische rote und grüne Chilischote, 1 Teel. Korianderkörner, 3 Pimentkörner, 4 Hähnchenkeulen, 1 Döschen Safranfäden, 40 g Butterschmalz, 3 Nelken, 1 Zimtstange, 1/2 Teel. gemahlener Kardamom, 2 Teel. Jodsalz, 500 g Natur-Joghurt, 400 ml Hühnerbrühe (Instant), 350 g Basmati- oder Langkornreis.

Zwiebeln und Knoblauch abziehen. Ingwer (→ Seite 111) schälen. Zwiebeln in Ringe schneiden. Knoblauch und Ingwer fein hacken. Chilischoten längs aufschneiden, entkernen und fein würfeln (wegen der Schärfe mit Gummihandschuhen arbeiten). Koriander und Piment im Mörser grob zerstoßen. Hähnchenkeulen abspülen, trockentupfen und im Gelenk durchschneiden. Safran (→ Seite 143) in 100 ml heißem Wasser auflösen. Butterschmalz in einer großen Pfanne (mit Deckel) erhitzen und die Zwiebelringe darin anbraten. Die Hälfte der Zwiebeln herausnehmen und für später beiseite stellen. Hähnchenteile, Gewürze, Knoblauch und Ingwer, Jodsalz, Joghurt, Safranwasser und Hühnerbrühe in die Pfanne geben. Zehn Minuten bei mittlerer Hitze kochen. Reis (→ Seite 43/44) in ein Sieb geben, gründlich waschen, bis das Wasser klar bleibt, dann in die Pfanne streuen und unterrühren. Ein feuchtes Tuch über die Pfanne legen, dann die Pfanne mit einem Deckel verschließen. Pulao bei kleiner Hitze etwa 35 Minuten garen. Den fertigen Reis mit den restlichen Zwiebeln bestreuen. Eventuell mit roter Chilischote garnieren.

Fertig in: 1 Stunde 10 Minuten

Nasi goreng

Indonesisch

FÜR 4 PORTIONEN
280 g Basmatireis, 600 ml Hühnerbrühe (Instant), 1/2 Teel. Kurkuma (Gelbwurz), Jodsalz, 2 Knoblauchzehen, 2 Zwiebeln, 200 g Weißkohlblätter oder Blätter vom Chinakohl, 1 rote Paprikaschote, 1 Porreestange, 150 g gekochter Schinken, 100 g Surimistangen (Krebsfleisch-Imitat), oder Tiefsee-Krabben, 2 Eßl. Öl, 2 Eßl. süße Sojasoße, 2 Teel. Tomatenketchup, 1/2 Teel. Cayennepfeffer, 1 Teel. Edelsüß-Paprika, 1/2 Bund Schnittlauch.

Basmatireis auf einem Sieb kalt abspülen und mit Hühnerbrühe, Kurkuma und einer Prise Jodsalz in einen großen Topf geben. Den Reis aufkochen, umrühren und bei kleinster Hitze zugedeckt 12 Minuten garen; den Deckel während dieser Zeit nicht abnehmen! Nicht abgießen, sondern nach dem Garen mit einer Gabel etwas auflockern und kalt werden lassen. Knoblauch und Zwiebeln abziehen und würfeln. Weißkohlblätter in 1 cm breite Streifen schneiden und in siedendem Salzwasser eine Minute kochen. Kalt abspülen und abtropfen lassen. (Chinakohl nicht blanchieren, sondern nur in Streifen schneiden.) Paprika halbieren, entkernen, abspülen und trockentupfen. Vom Porree welke Blätter entfernen, Wurzelende abschneiden. Porreestange längs halbieren, unter fließend kaltem Wasser abspülen, trockentupfen und in 1 cm breite Stücke schneiden. Schinken in Streifen und (evtl. aufgetaute) → Surimistangen in dünne Stücke schneiden, Tiefsee-Krabben ganz lassen. Gemüse im heißen Öl andünsten. Sojasoße, Ketchup, Cayennepfeffer und Edelsüß-Paprika dazugeben, gut verrühren und leicht salzen. Reis, Schinken und Surimi oder Krabben untermischen und unter Rühren fünf Minuten braten. Reis mit Sojasoße und Jodsalz abschmecken und mit Schnittlauchröllchen bestreuen.

Dazu: Gebratene Bananenscheiben, Röstzwiebeln und Mango-Chutney

Fertig in: 1 Stunde ohne Abkühlzeit

TIP: Für Nasi goreng nur kalten Reis verwenden, damit der Reis beim Braten nicht weich wird. Das fertige Gericht sollte möglichst trocken und nicht ölig oder suppig sein.

Übrigens „Goreng" ist das indonesische Wort für gebacken, gebraten und geröstet. „Bami goreng" sind gebratene Nudeln, und „Nasi goreng" ist gebratener Reis. Beide Gerichte werden in Indonesien je nach Jahreszeit mit verschiedenen Zutaten variiert.

SURIMI ist Krebsfleisch-Imitat aus grätenfreiem Fischfleisch, das in Paprika gewälzt und zu Stäbchen, Stückchen oder Krabbenscheren geformt angeboten wird. Surimi gibt es frisch und tiefgefroren. Es ist auch in Salaten und Fischmarinaden enthalten. Surimi enthält viel Eiweiß und Jod, aber wenig Fett. Achtung Allergiker: Surimiprodukte sind manchmal mit Soja- oder Hühner-Eiweiß versetzt.

GRUNDREZEPT

Kartoffelpuffer ✕

FÜR 15 STÜCK
1 kg festkochende Kartoffeln,
1 Eßl. Zitronensaft, 1 Ei, 45 g Mehl,
Jodsalz, weißer Pfeffer,
Sonnenblumenöl oder
Butterschmalz zum Braten.

Kartoffeln schälen und mit der Küchenmaschine oder auf der Rohkostreibe grob reiben. Kartoffeln auf ein Küchentuch geben, Tuchenden zusammendrehen und ausdrücken. Kartoffeln, Zitronensaft, Ei, Mehl, Jodsalz und eine Prise Pfeffer verrühren. In einer großen beschichteten Pfanne bei mittlerer Hitze Öl erhitzen und für jeden Puffer zwei Eßlöffel Teig hineingeben, mit dem Löffelrücken glattstreichen und auf einer Seite goldbraun braten. Mit einem Bratenwender umdrehen und den Puffer so lange braten, bis der Teigrand knusprig braun ist. Herausnehmen und warm stellen (im vorgeheizten Backofen bei kleinster Hitze oder auf einem heißen Teller unter einer heiß ausgespülten, umgedrehten Schüssel).

Fertig in: 45 Minuten

Kartoffelpuffer mit Lachs

Edel, aber ganz einfach

FÜR 4 PORTIONEN
1 Paket TK-Blattspinat (300 g),
1 große Zwiebel, 2 Knoblauchzehen,
1 Eßl. Olivenöl, 200 g Crème fraîche,
Jodsalz, Muskatnuß,
4 Scheiben geräucherter Lachs,
8 fertige Kartoffelpuffer
(TK oder selbst gemacht),
grob gemahlener Pfeffer.

Spinat auf einem Sieb auftauen lassen. Leicht ausdrücken und auseinanderpflücken. Zwiebel und Knoblauch schälen und fein würfeln. Olivenöl, Zwiebel und Knoblauch in eine Pfanne geben und bei mittlerer Hitze etwa drei Minuten dünsten. Spinat und einen Eßlöffel Crème fraîche dazugeben und unter Rühren etwa vier Minuten dünsten. Mit Salz und geriebener Muskatnuß abschmecken. Spinat, Lachsscheiben und je einen Eßlöffel Crème fraîche auf je zwei Kartoffelpuffer verteilen und mit Pfeffer bestreuen.

Fertig in: 15 Minuten

Kartoffelpuffer-Auflauf ✕

Süßes Hauptgericht

FÜR 4 PORTIONEN

6 Kartoffelpuffer (TK oder selbstgemacht), 3–4 Eßl. Öl, 2–3 Äpfel (ca. 700 g; z. B. Boskop oder Cox Orange), 2 Orangen, Fett für die Form, 50 g Mandelblättchen, 100 g Rosinen, 4 Eier, 250 g Schlagsahne, 1 Teel. gemahlener Zimt, 4 Teel. Zucker.

Tiefkühl-Kartoffelpuffer nach Packungsanweisung in Öl braten. (Selbstgemachte Kartoffelpuffer → Seite 46). Auf Küchenkrepp abtropfen lassen. Inzwischen Äpfel abspülen, trockenreiben, vierteln, entkernen und in Stücke schneiden. Mit dem Saft einer Orange begießen. Eine flache Auflaufform oder vier große Soufflé-förmchen einfetten. Kartoffelpuffer in Stücke schneiden. Mit Äpfeln, Mandeln und Rosinen locker vermischen und in die Auflaufform füllen. Eier, Schlagsahne, restlichen Orangensaft, Zimt und Zucker verrühren und in die Form gießen. Im vorgeheizten Backofen bei 200 Grad, Umluft 170 Grad, Gas Stufe 3 etwa 30 Minuten backen. Eventuell zwischendurch mit Pergamentpapier abdecken.

Dazu: Warme Vanillesoße, Ahornsirup oder flüssiger Honig

Fertig in: 50 Minuten

FESTKOCHENDE KARTOFFELN sind für Kartoffelpuffer am besten geeignet. Festkochend sind die Sorten Linda, Sieglinde, Hansa, Forelle, Cilena, Exquisa, Nicola und Selma. Alle diese Sorten gibt es auch aus dem Bio-Anbau (→ zum Thema Kartoffeln auch Seite 49).

Übrigens Rievekooche und Reiberdatschi – Kartoffelpuffer haben viele Namen. Rievekooche oder Reibekuchen heißen sie zum Beispiel im Rheinland, Reiberdatschi in Bayern, Lappenpickert in Westfalen, einfach Puffer in Norddeutschland. Aber auch hinter Kartoffel- oder Reibeplätzchen und Grumbeerküchle verbergen sich die kleinen knusprigen Fladen aus roh geriebenen Kartoffeln. Allerdings sind die Rezepte von Region zu Region oft ein bißchen verschieden.

Übrigens Baked Potatoes fehlen auf keiner amerikanischen Barbecue-Party. Auf unseren Speisekarten heißen sie auch Ofen-, Backofen-, Alu- und Folienkartoffeln.

Baked Potatoes mit Sour Cream

Ganz einfach

FÜR 4 PORTIONEN
4 große mehligkochende Kartoffeln à 300 g;
Sour Cream: *1 kleine Zwiebel, 1 Bund Schnittlauch, 200 g Sahnequark, 150 g Crème fraîche, Jodsalz, frisch gemahlener Pfeffer, einige Blättchen Kerbel.*

Backofen auf 225 Grad, Umluft 200 Grad, Gas Stufe 4 vorheizen. Kartoffeln waschen, dabei sehr gründlich abbürsten und mit Küchenkrepp trocknen. Jede Kartoffel mit einem Holzspießchen rundherum einstechen und auf ein entsprechend großes quadratisches Stück Alufolie legen. Die Ecken der Folie nach oben biegen und über der Kartoffel fest zusammendrücken. Die Kartoffeln auf den Backrost legen und im vorgeheizten Backofen 60 Minuten garen. Folie oben öffnen, Kartoffeln kreuzweise einritzen, leicht auseinanderdrücken und etwas ausdampfen lassen.

Sour Cream: Zwiebel abziehen und fein würfeln. Schnittlauch abspülen, trockentupfen, in feine Röllchen schneiden. Zwiebelwürfel, die Hälfte der Schnittlauchröllchen, Sahnequark und Crème fraîche verrühren und mit Jodsalz und Pfeffer abschmecken. Sour Cream auf den Kartoffeln verteilen, mit restlichem Schnittlauch und Kerbel bestreuen.

Dazu: Steaks oder anderes kurzgebratenes Fleisch

Fertig in: 1 Stunde 15 Minuten

Variationen: Probieren Sie statt Sour Cream auch Kräuterquark, Remoulade, Frischkäse, Avocadopüree (→ Seite 135) oder andere Dips (→ Seite 84/5) zu den gebackenen Kartoffeln. Auch Räucher- oder Stremellachs, Räucherfisch, Nordsee-Krabben oder Garnelen, Eier- oder Gemüsesalat, Baked Beans oder geschmolzener Käse passen gut zu Baked Potatoes.

Kartoffel-Gratin

Klassiker aus Frankreich

FÜR 2 BIS 3 PORTIONEN ALS HAUPTGERICHT,
FÜR 4 PORTIONEN ALS BEILAGE

1 große Knoblauchzehe, 30 g Butter,
1 kg vorwiegend festkochende Kartoffeln,
250 g Schlagsahne, 150 ml Milch,
Jodsalz, frisch geriebener weißer Pfeffer,
Muskatnuß, 60–70 g Hartkäse
(z. B. Greyerzer oder Appenzeller).

Knoblauchzehe abziehen und längs halbieren. Eine flache feuerfeste Form (Durchmesser 30 cm) zuerst mit der Schnittfläche der Knoblauchzehe ausreiben, dann mit weicher Butter bestreichen. Kartoffeln schälen, waschen, trockentupfen und auf der Rohkostreibe in etwa 2 mm dünne Scheiben schneiden. Backofen auf 175 Grad, Umluft 150 Grad, Gas Stufe 2 vorheizen. Kartoffeln dachziegelartig (Scheiben lappen etwas übereinander) in die Form einschichten. Schlagsahne, Milch, Jodsalz, Pfeffer und eine Prise geriebene Muskatnuß verrühren und über die Kartoffeln gießen. Käse reiben und darüberstreuen. Im Backofen auf der mittleren Schiene etwa 50 Minuten backen.

Dazu: Blattsalat für das vegetarische Hauptgericht, Kurzgebratenes für Fleischfans

Fertig in: 1 Stunde 10 Minuten

TIP: Geschälte Kartoffeln verfärben sich, wenn man sie nicht sofort weiterverarbeitet oder mit Wasser bedeckt. Das verhindert ein kleiner Trick: Kartoffelscheiben kurz in kochender Milch schwenken, auf ein Sieb gießen und bis zum Gebrauch zudecken. Die Milch auffangen und für das Gratin verwenden.

KARTOFFELN sind sehr gesunde Knollen: kalorien- und fettarm, stärkereich; sie haben viele sehr nützliche Vitamine und Mineralstoffe und sind dabei leicht verdaulich. Es gibt ca. 160 Kartoffelsorten in Deutschland, weltweit sind es ca. 5000. Die Sorten werden in drei Kochtypen eingeteilt: festkochend, vorwiegend festkochend und mehligkochend. Festkochende Kartoffeln (→ Seite 47) enthalten weniger Stärke, die Schale reißt beim Kochen nicht auf, und die Kartoffel bleibt gut in Form. Sie ist besonders für Salate, Kartoffelpuffer, Pell-, Brat- oder gratinierte Kartoffeln geeignet. Die vorwiegend festkochenden Sorten sind praktisch für alle Kartoffelgerichte geeignet, außerdem sind sie die typischen Soßenkartoffeln. Mehligkochende Kartoffeln enthalten am meisten Stärke. Sie werden für Püree, Klöße, Knödel, Suppen oder Baked Potatoes verwendet.

GRÜNE KARTOFFELN, unreife Kartoffeln oder solche mit grünen Stellen enthalten das giftige Alkaloid Solanin. Deshalb grüne Stellen großzügig herausschneiden und ganze grüne Kartoffeln wegwerfen. Durch den Kochvorgang geht das Gift ins Kochwasser über, es wird nicht zerstört.

Übrigens Ursprung für sämtliche Kartoffel-Gratin-Versionen ist das Gratin dauphinois aus Frankreichs Provinz Dauphiné (zwischen Rhône, Provence und der italienisch-französischen Grenze). Dieses klassische Gratin wird ohne Milch nur mit Crème fraîche oder Sahne gratiniert und ist entsprechend gehaltvoller.

Kartoffeleintopf mit Würstchen

Deutscher Klassiker

FÜR 6 PORTIONEN
150 g magerer durchwachsener Speck, 2–3 Möhren, 200 g Knollensellerie, 2–3 Petersilienwurzeln, 1 große Porreestange, 1,2 kg mehligkochende Kartoffeln, 1 Eßl. Butterschmalz, 1 1/2 l Rindfleisch- oder Gemüsebrühe (Instant), 1/2 Teel. getrockneter Majoran, 1 Lorbeerblatt, Jodsalz, frisch gemahlener Pfeffer, einige Spritzer Suppenwürze, 3–4 Stiele frischer Majoran.

Speckschwarte abschneiden und für später beiseite legen. Den Speck zuerst in Streifen, dann in Würfel schneiden. Möhren, Sellerie und Petersilienwurzeln schälen und in gleich große Würfel schneiden. Vom Porree welke Außenblätter abtrennen. Porree halbieren, in Ringe schneiden, dann auf einem Sieb unter fließendem Wasser gründlich abspülen. Kartoffeln schälen, kalt abspülen und grob würfeln. Butterschmalz in einem großen Suppentopf zerlassen. Speckwürfel zugeben und bei kleiner Hitze ausbraten. Mit der Schaumkelle herausnehmen und für später beiseite stellen. Kartoffeln und Gemüse in das Speckfett geben und alles etwa fünf Minuten bei mittlerer Hitze unter Rühren dünsten. Brühe, Majoran, Lorbeerblatt, Speckschwarte, einen halben Teelöffel Jodsalz und Pfeffer zugeben und etwa 25 Minuten zugedeckt kochen lassen. Speckschwarte und Lorbeerblatt aus der Suppe entfernen. Die Kartoffel- und Gemüsewürfel in der Suppe mit einem Kartoffelstampfer oder einem stabilen Schneebesen leicht zerdrücken. Die gebratenen Speckwürfel in die Suppe geben und noch einmal mit Jodsalz, Pfeffer und Suppenwürze abschmekken. Majoranblättchen von den Stielen streifen und auf die Suppe streuen.

Dazu: Wiener Würstchen oder Knacker und kräftiges Landbrot

Fertig in: 1 Stunde 10 Minuten

Variationen: Für eine **fein pürierte Kartoffelsuppe** wird der Eintopf nicht gestampft, sondern ein kleiner Teil seiner Flüssigkeit mit dem Schneidstab des Handrührers oder im Mixer püriert. Dann alles mit der restlichen Flüssigkeit verrühren, durch ein Sieb passieren und eventuell mit Schlagsahne oder Crème fraîche verfeinern. Statt Würstchen und Speck können Sie Streifen von feinem Kasseler-Aufschnitt, geräucherter Pute oder Entenbrust zur Suppe geben. Oder Stückchen von geräuchertem Forellenfilet, Aal oder frisch gepulte Nordsee-Krabben; dann statt Majoran Dill verwenden. **Vegetarisch** wird's, wenn Sie den Speck weglassen und statt dessen die fertige Suppe mit gerösteten Kürbis- oder Sonnenblumenkernen und einem Klacks selbstgemachtem Pesto (→ Seite 37) oder fertigem Pesto aus dem Glas verfeinern.

Gnocchi mit Tomatensoße

Braucht etwas Zeit

FÜR 4 PORTIONEN
Tomatensoße: *3 Zwiebeln, 1 Packung passierte Tomaten (500 g), 2 kleine Lorbeerblätter, 3 dünne Scheiben durchwachsener Speck, Frühstücksspeck oder Bacon, 150 ml Rotwein oder Brühe, 1–2 Eßl. Zucker, 3–4 Pimentkörner, Jodsalz, 500 g Tomaten, 20–40 g Butter;*
Gnocchi: *800 g vorwiegend festkochende Kartoffeln, 2 Eier, 100 g Mehl, 50 g Speisestärke, Jodsalz, Mehl zum Verarbeiten, Muskatnuß, einige Basilikumblättchen.*

Tomatensoße: Zwiebeln abziehen und fein würfeln. Passierte Tomaten, Zwiebeln, Lorbeerblätter, Speckscheiben, Rotwein, Zucker, Pimentkörner und Jodsalz in einem großen Topf aufkochen und bei mittlerer Hitze offen 15 Minuten kochen. Tomaten mit kochendem Wasser überbrühen und die Haut abziehen. Lorbeerblätter und Speckscheiben aus der Soße nehmen (anderweitig verwenden). Tomaten fein würfeln, zur Soße geben, alles mit Butter, Jodsalz und etwas Zucker abschmecken.
Gnocchi: Die Kartoffeln waschen und in einen großen Topf geben. Mit heißem Wasser bedecken und 20 Minuten kochen. Kartoffeln heiß pellen, durch die Kartoffelpresse drücken und kalt werden lassen. Eier verquirlen. Eier, Mehl, Speisestärke und einen halben Teelöffel Jodsalz zu den kalten Kartoffeln geben und mit bemehlten Händen zu einem geschmeidigen Teig verkneten. Der Teig ist fertig, wenn er nicht mehr an den Fingern klebt. Mit Jodsalz und geriebener Muskatnuß abschmecken. Aus dem Teig fingerdicke Rollen formen. Rollen in 2–3 cm lange Stücke schneiden und mit einer bemehlten Gabel quer eindrücken. In einem großen Topf reichlich Salzwasser aufkochen. Gnocchi nacheinander hineingeben und etwa vier Minuten ziehen lassen. Ab und zu vorsichtig mit einem Holzlöffel umrühren, damit die Gnocchi nicht aneinanderkleben. Sobald sie an der Oberfläche schwimmen, mit einer Schaumkelle herausnehmen, gut abtropfen lassen und sofort mit Tomatensoße servieren und mit Basilikumblättchen bestreuen.

Dazu: Frisch geriebener Parmesankäse (→ Seite 34) und Blattsalat

Fertig in: 1 Stunde ohne Abkühlzeit

Variation: Fertige Gnocchi in Salbeibutter (zerlassene Butter und Salbeiblättchen) schwenken und mit frisch geriebenem Parmesan oder Pecorino-Käse bestreuen.

GNOCCHI sind italienische Klößchen aus Kartoffelteig. In manchen Regionen Italiens werden sie auch aus Hartweizengrieß, Mais- oder Kastanienmehl hergestellt. Kartoffel-Gnocchi gibt es fertig im Kühlregal.

1

2

3

4

5

PIZZA-GRUNDREZEPT MIT TROCKENHEFE

Pizza Margherita

FÜR 4 PORTIONEN ALS HAUPTGERICHT ODER FÜR 8 BIS 10 PORTIONEN ALS SNACK

Hefeteig: *400 g Mehl, 1 Päckchen Trockenhefe, 1/2 Teel. Jodsalz, 1 Eßl. Zucker, 2 Eßl. Olivenöl; Mehl zum Verarbeiten; Fett für das Backblech;*

Belag: *1/2 Teel. getrockneter Oregano, 600 g Tomaten, 300 g Mozzarella-Käse, einige Basilikumblätter, Jodsalz, grob zerstoßener weißer Pfeffer, 3–4 Eßl. Olivenöl.*

Hefeteig: Mehl, Trockenhefe, Jodsalz und Zucker in einer großen Rührschüssel vermischen. Öl und nach und nach 250 ml lauwarmes Wasser zugeben (→ Foto 1) und mit dem Knethaken des Handrührers so lange kneten (→ Foto 2), bis sich der Teig vom Schüsselboden löst. Teigkloß herausnehmen und auf der bemehlten Arbeitsplatte etwa fünf Minuten kräftig durchkneten (→ Foto 3). Dabei den Teig abwechselnd mit den Handballen flachdrücken und so lange wieder zusammennehmen, bis der Teig ganz elastisch ist. Backofen fünf Minuten auf kleinster Stufe vorheizen, dann ausschalten. Rührschüssel dünn mit Mehl ausstreuen. Teig zu einer Kugel formen, in die Rührschüssel legen und mit einem scharfen Messer zweimal einschneiden (→ Foto 4). Mit Mehl bestäuben und mit einem Tuch abdecken. Im Backofen mindestens 30 Minuten gehen lassen, bis sich die Teigkugel fast verdoppelt hat. Den Teig noch einmal kräftig durchkneten, in vier Stücke teilen und jedes Stück auf der bemehlten Arbeitsplatte zu einem Kreis ausrollen. Oder die ganze Teigmenge in Größe des Backblechs ausrollen (→ Foto 5). Backblech dünn mit Fett bestreichen oder mit Backtrennpapier auslegen. Zwei Teigfladen nebeneinander auf das Backblech legen oder die große Teigplatte mit den Händen auf das Blech drücken.

Belag: Teigfladen mit Oregano bestreuen. Tomaten abspülen, trockentupfen und Stielansätze herausschneiden. Mozzarella und Tomaten in Scheiben schneiden und auf dem Teig verteilen. Mit Basilikumblättchen bestreuen und mit Jodsalz und Pfeffer würzen. Mit Olivenöl beträufeln. Backofen auf 250 Grad, Umluft 220 Grad, Gas Stufe 5 vorheizen. Pizza noch einmal 15 Minuten gehen lassen. Im Backofen auf der untersten Schiene 15 bis 20 Minuten backen, bis der Käse geschmolzen ist.

Fertig in: 1 Stunde ohne Wartezeit

TIP: Bei Trockenhefe unbedingt auf das Verfallssdatum achten. „Alte“ Hefezellen können sich nicht vermehren, der Teig geht nicht auf.

PIZZA-GRUNDREZEPT MIT BACKHEFE

Pizzette

FÜR 8 STÜCK
Hefeteig: *375 g Mehl, 1 Teel. Jodsalz, 1 Teel. Zucker, 1/2 Würfel Hefe (20 g), 3 Eßl. Olivenöl; Mehl zum Verarbeiten;*
Belag: *Salsa Pizzaiola oder 500 g abgezogene Tomaten, 150 g geriebener Schnittkäse oder gewürfelter Mozzarella-Käse.*

Hefeteig: Mehl, Jodsalz und Zucker in einer großen Rührschüssel vermischen. In die Mitte eine Mulde drücken. Hefe zerkrümeln und hineingeben. 225 ml lauwarmes Wasser und das Olivenöl verrühren und dazugeben. Zuerst mit dem Knethaken des Handrührers, dann mit den Händen zu einem glatten Teig verkneten. Backofen fünf Minuten auf kleinster Stufe vorheizen, dann ausschalten. Rührschüssel dünn mit Mehl ausstreuen. Teig zu einer Kugel formen, in die Rührschüssel legen und mit einem scharfen Messer zweimal einschneiden. Mit Mehl bestäuben und mit einem Tuch abdecken. Im Backofen mindestens 30 Minuten gehen lassen, bis sich die Teigkugel fast verdoppelt hat. Teig nochmals kräftig durchkneten und in acht Stücke teilen. Jedes Stück auf der bemehlten Arbeitsplatte zu einem Kreis ausrollen und auf ein gefettetes oder mit Backpapier ausgelegtes Backblech legen.
Belag: Salsa Pizzaiola auf die Pizzette verteilen und mit dem Käse bestreuen. Backofen auf 225 Grad, Umluft 200 Grad, Gas Stufe 4 vorheizen. Pizzette zehn Minuten bei Zimmertemperatur gehen lassen. Im Backofen auf der untersten Schiene 15 bis 20 Minuten backen.

Fertig in: 1 Stunde ohne Wartezeit

Salsa Pizzaiola (Tomatensoße für Pizza)

Zum Einfrieren geeignet

FÜR 1 PIZZABLECH ODER 8 PIZZETTE
1 kleine Dose Tomaten (240 g), 1 große Zwiebel, 2–3 Knoblauchzehen, 2 Eßl. Olivenöl, 1 Eßl. Zucker, 1/2 Teel. Jodsalz, frisch gemahlener Pfeffer, je 1 Eßl. getrockneter Oregano und Basilikum, 2 Eßl. Tomatenmark.

Tomaten aus der Flüssigkeit nehmen und kleinschneiden, Flüssigkeit für später beiseite stellen. Zwiebel und Knoblauchzehen abziehen, fein würfeln und mit dem Öl in einer großen Pfanne glasig dünsten. Gewürze und Tomatenmark unterrühren (→ Foto 1). Tomaten und Tomatenflüssigkeit dazugeben (→ Foto 2) und einmal aufkochen lassen. In der offenen Pfanne in fünf bis zehn Minuten zu einer dicken Soße kochen. Zwischendurch häufig umrühren. Soße mit Zucker, Jodsalz, Pfeffer und Kräutern abschmecken und abkühlen lassen.

Fertig in: 20 Minuten

Variation: Schnelle Tomatensoße
Abgezogene Tomaten aus der Dose abgießen, Tomatenflüssigkeit anderweitig verwenden. Tomaten kleinschneiden und mit 1–2 Eßl. Olivenöl, Jodsalz, frisch gemahlenem Pfeffer, 1–2 Teel. getrocknetem Oregano und 1 Prise getrocknetem Rosmarin verrühren und auf die Teigfladen verteilen.

1

2

Calzone alla ricotta

Für Picknick oder Büffet

FÜR 4 PORTIONEN

Füllung: *2 Zwiebeln, 2 Knoblauchzehen, 2 Eßl. Olivenöl, 100 g italienische Mortadella (ersatzweise gekochter Schinken), 2 hartgekochte Eier, 200 g Mozzarella-Käse, 100 g grüne Oliven ohne Stein, 1 Bund Basilikum, 200 g Ricotta-Frischkäse oder Magerquark, 1–2 Eßl. Kapern, Jodsalz, frisch gemahlener Pfeffer, 4 Tomaten;*
Hefeteig: *500 g Mehl (Type 550), 1 Würfel Hefe (42 g), 1 gestrichener Teel. Jodsalz, 2 Eßl. Olivenöl;*
Mehl zum Verarbeiten und Bestäuben;
1–2 Eßl. Olivenöl zum Bestreichen.

Füllung: Zwiebeln und Knoblauch abziehen, fein würfeln und im Öl in einer mittelgroßen Pfanne bei mittlerer Hitze glasig dünsten. In einer großen Rührschüssel abkühlen lassen. Mortadella fein würfeln. Eier schälen. Eier, Mozzarella und Oliven grob hacken. Gewaschenes Basilikum in feine Streifen schneiden. Diese vorbereiteten Zutaten in die Schüssel mit den Zwiebeln geben. Ricotta (→ Seite 55) und Kapern (→ Seite 55) dazugeben, alles gründlich miteinander vermischen und mit Jodsalz und Pfeffer abschmecken. Tomaten abspülen und trockentupfen, vierteln, entkernen und in kleine Würfel schneiden.

Hefeteig: Mehl in eine große Rührschüssel geben und in der Mitte eine Mulde hineindrücken. Hefe zerbrökkeln. Hefe und knapp einen Viertelliter lauwarmes Wasser dazugeben und verrühren. Teig abgedeckt etwa 30 Minuten gehen lassen. Backofen fünf Minuten auf kleinster Stufe vorheizen, dann ausschalten. Jodsalz und Olivenöl zum Teig geben, dann mit den Knethaken des Handrührers kräftig kneten, bis er sich vom Schüsselrand löst. Im Backofen mindestens 45 Minuten gehen lassen, bis sich die Teigkugel fast verdoppelt hat. Teig nochmals kräftig durchkneten und in acht Stücke teilen. Backofen auf 225 Grad, Umluft 200 Grad, Gas Stufe 4 vorheizen. Jedes Teigstück auf der bemehlten Arbeitsplatte zu einem frühstückstellergroßen Kreis ausrollen. Auf vier Teigfladen jeweils Tomaten und Füllung verteilen, mit einem zweiten Teigfladen bedecken und die Ränder fest andrücken. Teigtaschen mit Öl bestreichen und mit Mehl bestäuben. Auf zwei mit Backtrennpapier ausgelegte Backbleche legen und in den Backofen schieben. Sofort eine Tasse kaltes Wasser auf den Backofenboden gießen (durch den Wasserdampf treibt der Teig nach oben, und man erhält eine schöne Kruste). Etwa 15 bis 20 Minuten backen.

Fertig in: 1 Stunde 15 Minuten.
Dazu kommt 1 Stunde 15 Minuten für das „Gehen" des Hefeteiges

Übrigens Neapel ist die Heimat der Pizza. Schon vor 200 Jahren wurden dort Hefefladen mit Kräutern und Olivenöl gebacken. 1889 entstand zu Ehren der italienischen Königin die Pizza Margherita mit Tomaten, Mozzarella und Basilikum, den Farben der italienischen Flagge. Pizza wurde zum Inbegriff der einfachen und köstlichen italienischen Küche und eroberte von Neapel aus die ganze Welt.

Pizza mit Garnelen und Lachs

Für ganz besondere Anlässe

FÜR 2 PORTIONEN

Teig: *200 g Mehl, 3 Eßl. Öl, Jodsalz, 1 Eigelb, Mehl zum Ausrollen;*

Belag: *1/2 Paket TK-Blattspinat (150 g), 1 Eßl. und 2 Teel. Olivenöl, Jodsalz, grob geschroteter Piment, 2 kleine Zwiebeln, 4 geschälte Riesengarnelen, 100 g Mozzarella-Käse, 2 Eßl. Crème fraîche, 4 Teel. Keta-Kaviar, 2 dünne Scheiben Räucherlachs.*

Teig: Mehl, zwei Eßlöffel Öl, Jodsalz, Eigelb und 100 ml Wasser zuerst mit dem Knethaken des Handrührers, dann mit den Händen zu einem glatten Teig verkneten. Teigkugel mit dem restlichen Öl bestreichen und 30 Minuten in den Kühlschrank stellen. Teig herausnehmen, auf der dünn bemehlten Arbeitsplatte noch einmal durchkneten und in zwei Portionen teilen. Aus jeder Portion zwei dünne Kreise ausrollen und auf ein mit Backtrennpapier ausgelegtes Backblech legen. Backofen auf 250 Grad, Umluft 225 Grad, Gas Stufe 5 vorheizen.

Belag: Aufgetauten Spinat ausdrücken. Mit einem Eßlöffel Olivenöl vermischen und mit wenig Jodsalz und Piment würzen. Zwiebeln abziehen und in sehr feine Ringe schneiden. Garnelen längs halbieren, den dunklen Darm entfernen (→ Seite 112), kurz unter fließend kaltem Wasser abspülen und trockentupfen. Mozzarella in feine Würfel schneiden. Zuerst den Spinat, dann Garnelen, Zwiebeln und Mozzarella auf die Pizzen verteilen und mit je einem Teelöffel Olivenöl beträufeln. Im Backofen auf der untersten Schiene in acht bis zehn Minuten hellbraun backen. Crème fraîche mit dem Kaviar verrühren. Zum Servieren auf jede Pizza einen Klecks Kaviar-Crème fraîche und eine Scheibe Räucherlachs geben.

Fertig in: 1 Stunde

KAPERN sind die Blütenknospen des Kapernstrauches, der im Mittelmeerraum wächst. Kapern werden vor der Blüte gepflückt, in Salzlake eingelegt, gewässert und mit Essig oder Öl in Gläsern- oder Plastikbehältern abgepackt. Die herb-würzigen Kapern regen den Appetit an und geben vielen Speisen den letzten Pfiff. Nicht mitkochen! Die großen Früchte des Kapernstrauches heißen Kapernfrüchte oder -äpfel. Man knabbert sie wie Oliven.

KETA-KAVIAR, auch Lachskaviar oder roter Kaviar, ist der geräucherte Rogen des Kett-Lachses. Er schmeckt recht salzig und ist grobkörniger als andere Kaviarsorten.

RICOTTA ist ein Frischkäse aus Molke, mit einem kleinen Anteil frischer Kuh- oder Schafmilch. Molke entsteht bei der Produktion von Käse und Quark, enthält viele Mineralstoffe, Vitamine und den verdauungsfördernden Milchzucker. Ricotta schmeckt frisch und hat einen leicht säuerlichen Milchgeschmack. Der Frischkäse ist weich, bröckelig, paßt zu Süßem und Salzigem und wird für Füllungen, Süßspeisen, Pasta und Pizza verwendet. Ricotta gibt's in italienischen Spezialitätengeschäften und (abgepackt) auch immer häufiger in der Kühltheke des Supermarktes.

Vollkorn-Gemüse-Quiche

Für Gäste

FÜR 8 STÜCKE/ 4 PORTIONEN
Teig: *200 g Weizenvollkornmehl, 65 g Butter, 3 Eßl. Magerquark, 3–4 Eßl. Milch oder Wasser, 1/2 Teel. Jodsalz; Mehl zum Ausrollen; 1/2 Teel. Olivenöl für die Form; 1 kg Hülsenfrüchte zum Blindbacken (Erbsen, Bohnen oder Linsen);*
Belag: *1 Paket TK-Blattspinat (300 g), 1/2 Teel. gemahlener Kumin (Kreuzkümmel), 1 Teel. gerebelter Majoran, 3 Lauchzwiebeln, 1 gelbe Paprikaschote, 150 g Mozzarella-Käse oder Appenzeller-Käse; 4 Eier, 200 g Schlagsahne, 2–3 Eßl. Tomatenketchup, 1 Teel. Edelsüß-Paprika, Jodsalz, frisch gemahlener Pfeffer, 2–3 dünne Scheiben gekochter Schinken (80 g).*

Teig: Backofen auf 200 Grad, Umluft 170 Grad, Gas Stufe 3 vorheizen. Mehl, weiche Butter, Quark, Milch und Jodsalz in eine Schüssel geben. Erst mit den Knethaken des Handrührers, dann mit den Händen verkneten. Auf einer leicht bemehlten Arbeitsplatte zu einem Kreis ausrollen. Boden und Rand einer Quicheform (Durchmesser 30 cm) dünn mit Öl auspinseln und mit dem Teig auslegen. Teigboden mit einer Gabel mehrmals einstechen, zuerst mit Backtrennpapier, dann zum Blindbacken (→ Seite 146) mit Hülsenfrüchten belegen. Im Backofen auf der mittleren Schiene 20 Minuten backen. Hülsenfrüchte entfernen.

Belag: Aufgetauten Spinat ausdrücken, zerpflücken und mit Kumin und Majoran vermischen. Von den Lauchzwiebeln welke Blätter entfernen, Wurzelenden abschneiden, Lauchzwiebeln in Ringe schneiden. Paprika abspülen, halbieren und entkernen. Mozzarella und Paprika fein würfeln. Spinat, Lauchzwiebeln, Mozzarella und Paprika vermischen. Eier, Sahne und Ketchup verrühren. Mit Edelsüß-Paprika, Salz und Pfeffer kräftig abschmecken. Schinken in breite Streifen schneiden. Zuerst die Schinkenstreifen, dann die Spinatfüllung auf den Teigboden geben und mit der Eiercreme begießen. Im Backofen 30 Minuten backen.

Fertig in: 1 Stunde

TIP: Wenn Sie statt Schinken grob gehackte Nüsse oder Sonnenblumenkerne auf den Teigboden geben, ist die Quiche vegetarisch.

*Krautkuchen mit Schafkäse*ˣ

Probiotisch

FÜR **20** STÜCK/**6** PORTIONEN

Quark-Öl-Teig: *250 g Magerquark, 10 Eßl. Öl, 10 Eßl. Milch, 1 Eßl. Zucker, 450 g Mehl, 1 Päckchen Backpulver; Mehl zum Ausrollen, Fett für das Blech;*
Belag: *800 g Sauerkraut, 1/2 Gemüsezwiebel (200 g), 3 Knoblauchzehen, 2 Eßl. Öl, 2 Eßl. Traubensaft, 250 g kernlose Weintrauben, 250 g Feta-Schafkäse, Jodsalz, frisch gemahlener Pfeffer, 2 Eßl. provenzalische Kräutermischung, Zucker, 150 g saure Sahne, 3 Eier.*

Quark-Öl-Teig: Quark ein bis zwei Stunden auf einem Sieb abtropfen lassen. Quark, Öl, Milch und Zucker verrühren. Die Hälfte des Mehls mit dem Knethaken des Handrührers unterrühren. Restliches Mehl und Backpulver mit den Händen unterkneten. Den Teig auf wenig Mehl ausrollen und auf ein gefettetes Backblech legen.

Belag: Sauerkraut mit einer Gabel auseinanderzupfen. Zwiebel und Knoblauch abziehen, fein würfeln und in Öl andünsten. Sauerkraut und Traubensaft zugeben und zugedeckt zehn Minuten dünsten. Backofen auf 200 Grad, Umluft 175 Grad, Gas Stufe 3 vorheizen. Weintrauben abspülen, Schafkäse in Stücke schneiden. Sauerkraut von der Kochstelle nehmen, mit Jodsalz, viel Pfeffer, einem Eßlöffel Kräutermischung und ein bis zwei Prisen Zucker abschmecken und abkühlen lassen. Saure Sahne und Eier verquirlen. Sauerkraut, Trauben und Schafkäse untermischen, auf dem Teig verteilen. Mit restlicher Kräutermischung bestreuen. Im Backofen etwa 35 Minuten backen.

Fertig in: 1 Stunde 10 Minuten; den Quark 1 bis 2 Stunden abtropfen lassen

SAUERKRAUT ist feingehobelter Weißkohl, der in großen Bottichen mit Salz vergärt wird; dabei bauen Milchsäurebakterien Kohlenhydrate zu Milchsäure ab. Das hat sehr gesunde Auswirkungen: Milchsäure hemmt das Wachstum von Krankheitserregern und schützt unsere Darmflora. Das wird durch reichlich enthaltene Ballaststoffe noch unterstützt. Das Immunsystem wird aktiviert und die Krebsabwehr verbessert. Milchsaures Gemüse enthält mehr Vitamin C als ein Apfel, außerdem Vitamin B12. Besonders wichtig ist dies für Veganer, da dieses Vitamin sonst nur in tierischen Lebensmitteln vorkommt. Frischkost-Sauerkraut ist im Gegensatz zu Dosen-Kraut nicht pasteurisiert und enthält dadurch noch mehr gesunde Inhaltsstoffe. Saison für Frischkost-Sauerkraut ist von Mitte September bis Anfang April.

Pfannkuchen mit Zucchini

Hauptsaison für Zucchini: Juni bis Oktober

MEHL aus Weizen, Dinkel oder Roggen wird durch eine Typenzahl gekennzeichnet (z. B. Weizenmehl Type 550), die dem Käufer anzeigt, wie viele Inhaltsstoffe das Mehl enthält. Je höher der Ausmahlungsgrad (die Typenzahl auf der Verpackung), desto mehr Vitamine, Mineral- und Ballaststoffe enthält das Mehl. Vollkornmehl hat keine Typenzahl, denn das ganze Getreidekorn wird vollständig ausgemahlen.

FÜR 2 PORTIONEN

Teig: *50 g Mehl (Type 405 oder 550), 50 g Mehl (Type 1050), Jodsalz, Backpulver, 180 ml Buttermilch, 2 Eier;*

Füllung: *1 Zucchino (200 g), 1/2 Bund Basilikum, 3 Lauchzwiebeln, 100 g Feta-Schafkäse, 4 Teel. Olivenöl, Jodsalz, frisch gemahlener Pfeffer, Edelsüß-Paprika.*

Teig: Beide Mehlsorten, je eine Prise Jodsalz und Backpulver, Buttermilch und Eier mit dem Schneebesen in einer Schüssel verrühren und 20 Minuten quellen lassen.

Füllung: Zucchino abspülen, trockentupfen, Stielansatz wegschneiden, Zucchino in Scheiben schneiden. Basilikum waschen, trockentupfen, Blätter von den Stielen zupfen, die Hälfte grob hacken. Von den Lauchzwiebeln welke Blätter entfernen und die Wurzelansätze abschneiden. Das Weiße der Lauchzwiebeln fein hacken und mit dem Teig verrühren, das Grüne in Ringe schneiden. Den Schafkäse in kleine Stücke teilen. Einen Teelöffel Öl in eine mittelgroße Pfanne geben, einige Zucchinischeiben hineinlegen und von beiden Seiten anbraten. Etwas gehacktes Basilikum darüberstreuen und eine kleine Kelle Teig daraufgießen. Abgedeckt bei mittlerer Hitze ein bis zwei Minuten backen, bis der Teig gestockt ist. Deckel abnehmen und den Pfannkuchen durch Hin- und Herrütteln der Pfanne vom Pfannenboden lösen. Deckel wieder aufsetzen, Pfanne dagegendrücken und den Pfannkuchen auf den Deckel stürzen. Pfanne zurückstellen, Pfannkuchen vom Deckel in die Pfanne gleiten lassen und weitere zwei bis drei Minuten braten. Pfannkuchen auf einen Teller geben und im Backofen bei kleinster Hitze warm stellen. So drei weitere Pfannkuchen backen. Schafkäse, restliche Lauchzwiebeln und restliches Basilikum vermischen, auf die Pfannkuchen verteilen und mit etwas Jodsalz, frisch gemahlenem Pfeffer und Paprika bestreuen.

Fertig in: 50 Minuten

Schmeckt kalt und warm

TIP: Pfannkuchen halten sich mit Frischhaltefolie abgedeckt zwei Tage im Kühlschrank. Sie können in der Mikrowelle oder in einer Pfanne mit wenig Fett kurz erhitzt werden.

*Heidelbeerplinsen*ˣ

Süßes Hauptgericht

FÜR 4 PORTIONEN
Plinsen: *2 Eier, 125 g Weizenmehl (Type 1050), 2 Eßl. Zucker, 1 1/2 Teel. Trockenhefe, Jodsalz, 175 ml Vollmilch, 100 g Crème fraîche, 200 g Heidelbeeren, einige Spritzer Zitronensaft; 2–3 Eßl. Butterschmalz zum Braten;*
Heidelbeerquark: *300 g Heidelbeeren, 3–5 Eßl. Zucker, 250 g Speisequark (20 %), 50 g Crème fraîche, 200 g Schlagsahne.*

Plinsen: Die → Eier trennen. Mehl, Zucker, Trockenhefe und eine Prise Jodsalz vermischen. Lauwarme Milch, Crème fraîche und die Eigelbe dazugeben und alles zu einem flüssigen Hefeteig verrühren. Zugedeckt an einem warmen Ort mindestens 30 Minuten gehen lassen. Heidelbeeren abspülen und auf Küchenkrepp trocknen lassen. Eiweiß mit Zitronensaft steif schlagen und unter den Teig heben. Einen Eßlöffel Butterschmalz in einer großen Pfanne bei mittlerer Hitze erhitzen. Pro Plinse etwa zwei Eßlöffel Teig in die Pfanne geben und glattstreichen. Bevor der Teig an der Oberfläche fest ist, mit Heidelbeeren bestreuen. Die Plinsen auf einen Teller gleiten lassen, umdrehen, wieder in die Pfanne geben und bei kleiner Hitze weitere zwei Minuten backen. Im Backofen bei kleinster Hitze warm halten. Den restlichen Teig ebenso zu Plinsen backen.

Heidelbeerquark: Die Hälfte der Heidelbeeren mit einer Gabel zerquetschen und mit zwei Eßlöffel Zucker, Quark und Crème fraîche verrühren. Sahne steif schlagen und mit restlichen Heidelbeeren (ein paar Beeren zurückbehalten) unter den Quark mischen. Plinsen mit Quark servieren und mit Zucker und Heidelbeeren bestreuen.

Fertig in: 50 Minuten

EIER TRENNEN. Das ist für viele Rezepte notwendig. So geht's: Das Ei mit der Mitte so an einen Tassen- oder Schüsselrand schlagen, daß die Schale nicht ganz zerbricht und das Ei nicht ausläuft. Nun wird die Eierschale vorsichtig auseinandergezogen, wobei das Eiweiß in das unterstehende Gefäß läuft. Das Eigelb wird ein paarmal von einer in die andere Schalenhälfte gegeben, dabei löst sich auch der letzte Eiweißrest, das Eigelb kann solo weiterverwendet werden.

Übrigens Plinsen oder Plinzen – Eierkuchen aus flüssigem Hefeteig – backt man in Rußland aus Buchweizenmehl. Dann heißen sie Blini und werden mit Kaviar und saurer Sahne serviert.

Die idealen Fitmacher: Gemüse

Wetten, daß viele Rezepte dieses Kapitels neu für Sie sind, weil Sie die Gerichte bisher nur beim Türken oder Inder gegessen haben? Auf der ganzen Welt wird in erster Linie Gemüse gegessen, daher gibt es überall unzählige köstliche Gemüserezepte. Daß uns viele Gemüsesorten – wie man inzwischen weiß – vor Krebs und anderen Krankheiten schützen können, ist ein „eingebauter Nebeneffekt", an den wir beim Genießen gar nicht zu denken brauchen.

Scharfes Gemüse-Curry

Hauptsaison für Brokkoli und Tomaten: Juli bis Oktober

FÜR 4 PORTIONEN

*300 g Brokkoli, Jodsalz, 300 g Möhren,
2 grüne Paprikaschoten, 500 g Tomaten,
3 rote Zwiebeln, 3 Knoblauchzehen,
2 weiche Bananen, 2 Eßl. Öl,
2 Teel. gemahlener Kumin
(Kreuzkümmel), 2 Eßl. Currypulver,
300 g Sahne-Joghurt,
200 g Crème fraîche,
1 Teel. Cayennepfeffer, 1 Eßl. Zucker,
100 g Rosinen, 100 g Cashewkerne,
1 Paket TK-Erbsen (300 g).*

Brokkoli putzen und zehn Minuten in Salzwasser legen. Inzwischen Möhren schälen und in Scheiben schneiden. Paprika putzen und in Streifen schneiden. Tomaten abspülen und fein hacken. Zwiebeln und Knoblauch schälen und würfeln. Geschälte Bananen mit einer Gabel zerdrücken. Eine große Pfanne mit passendem Deckel bereitstellen. Öl, Zwiebeln, Knoblauch und Kumin in der Pfanne verrühren und bei mittlerer Hitze andünsten (→ Foto 1). Curry zugeben und etwa drei Minuten andünsten. Tomaten, Joghurt, Crème fraîche, Bananen, einen Teelöffel Salz, Cayennepfeffer und Zucker unterrühren (→ Foto 2). Soße im offenen Topf etwa fünf Minuten einkochen. Möhren, Brokkoli, Rosinen und Cashewkerne unterrühren (→ Fotos 3 und 4). Einen Achtelliter Wasser zugeben und aufkochen. Pfanne fest schließen und Curry bei kleiner Hitze etwa acht Minuten kochen. Von den Erbsen zwei Eßlöffel abnehmen. Restliche Erbsen und Paprika zugeben und weitere acht Minuten kochen. Falls das Curry jetzt noch etwas flüssig ist, im offenen Topf bei mittlerer Hitze etwas einkochen lassen. Curry mit Zucker und Cayennepfeffer abschmecken und mit den restlichen Erbsen bestreuen.

Dazu: Basmati- oder Vollkornreis

Fertig in: 1 Stunde

Variation: Blumenkohl statt Brokkoli.

CURRY, als Name für die im Westen berühmte indische Gewürzmischung, gibt es in Indien gar nicht. „Curry" stammt von dem südindischen Wort „Kari" ab und ist der Name für verschiedene Speisen und Soßen. Für jedes Gericht wird ein besonderes Currypulver zusammengemischt, das aus acht bis zwanzig verschiedenen Gewürzen bestehen kann. Fast alle Currymischungen enthalten Kurkuma (Gelbwurz), das dem Curry die typische Farbe gibt. Typische Currygewürze sind schwarzer Pfeffer, Chilipfeffer aus roten Chilischoten, Gewürznelken, Zimt, Kardamom, Koriander, Kumin (Kreuzkümmel), und Ingwer. In manchen Curries findet man noch Bockshornklee, Muskatblüte (Macis), Muskat, Piment, Senfsamen und Edelsüß-Paprika.

TIP: Milchallergiker nehmen anstelle von Joghurt und Crème fraîche Sojacreme oder Sojamilch. Bei Verwendung von Sojamilch entfällt das im Rezept angegebene Wasser.

4. KAPITEL **GEMÜSE**

„Kızartma" (türkische Gemüsepfanne)

Hauptsaison für Auberginen: August/September

FÜR 3 PORTIONEN

350 g Kartoffeln, 1 Aubergine (300 g), 1 Zucchino (200 g), 1 rote Paprikaschote, 4 Eßl. Olivenöl, 1/2 Teel. Jodsalz.

Kartoffeln schälen, mittelgroß würfeln und unter fließendem Wasser waschen. Auf ein sauberes Küchentuch geben und trockenreiben. Aubergine und Zucchino abspülen, trockentupfen und die Stengelansätze abschneiden. Beide Gemüse längs halbieren und in 1 cm dicke Scheiben schneiden. Paprika putzen und in breite Streifen schneiden. In einer großen Pfanne drei Eßlöffel Olivenöl und Jodsalz erhitzen. Kartoffeln und Gemüse zugeben und alles bei mittlerer Hitze zehn Minuten braten, dabei die Zutaten mit zwei Pfannenwendern immer wieder von oben nach unten schichten. Restliches Öl dazugeben, umrühren und weitere zehn Minuten braten.

Fertig in: 50 Minuten

TIP: Kızartma schmeckt warm oder kalt, als Beilage zu Hackfleisch oder Geflügel oder als vegetarisches Hauptgericht.

Dazu: Minz-Joghurt

500 Gramm türkischen Joghurt, eine Messerspitze Sumach (grobes rotes Pulver, schmeckt säuerlich, in türkischen Läden erhältlich) und in Streifen geschnittene Minzblättchen verrühren, mit Jodsalz abschmecken und gekühlt zu Kızartma servieren.

FRISCHE PFEFFERMINZE wird in vielen türkischen Rezepten verwendet. Dieses Kraut gibt den Gerichten den typischen Geschmack. Falls frische Pfefferminze nicht zur Hand ist: Getrocknete Pfefferminze (Kuru Nane) gibt es in vielen türkischen Geschäften. Oder ganz einfach einen Pfefferminz-Teebeutel aufreißen und den Tee zum Würzen verwenden.

Gefüllte Auberginen✕

Türkisch

FÜR 6 PORTIONEN
1 Gemüsezwiebel, 4 Knoblauchzehen, 4 Tomaten, 1 grüne Paprikaschote, 6 Eßl. Olivenöl, 1 kleine Dose geschälte Tomaten (240 g), 1 Teel. Edelsüß-Paprika, 1/2 Teel. getrockneter Thymian, 2 Bund Petersilie, Jodsalz, frisch gemahlener Pfeffer, 3 Auberginen; 500 g Natur-Joghurt.

Zwiebel und Knoblauch abziehen und fein würfeln. Tomaten und Paprika abspülen und trockentupfen. Paprika halbieren, entkernen und in kleine Stücke schneiden. Tomaten würfeln. In einer großen Pfanne zwei Eßlöffel Olivenöl erhitzen, Zwiebeln und Knoblauch darin drei Minuten glasig dünsten. Tomaten- und Paprikawürfel, Dosentomaten mit Flüssigkeit, etwas Paprikapulver und Thymian zufügen und weitere zehn Minuten in der offenen Pfanne bei mittlerer Hitze kochen. Petersilie abspülen, trockentupfen und hacken, einen Eßlöffel für später abnehmen, dann untermischen. Gemüse mit Jodsalz und Pfeffer abschmecken und in eine Schüssel füllen. Pfanne mit Küchenkrepp auswischen. Auberginen abspülen und trockentupfen. Das Grüne rund um den Stiel dünn abschälen. Die Auberginen längs halbieren und das weiche Fruchtfleisch mit einem Löffel zur Hälfte herauskratzen. Dabei einen dicken Rand stehen lassen. Restliches Olivenöl in der Pfanne erhitzen und Auberginen auf der Schnittfläche etwa drei Minuten braten, dann in eine flache ofenfeste Form setzen und mit dem Gemüse füllen. Im Backofen bei 175 Grad, Umluft 150 Grad, Gas Stufe 3 ca. 30 Minuten garen. Auberginen evtl. abkühlen lassen. Joghurt mit einer Prise Jodsalz glattrühren und über die Auberginen gießen. Mit restlicher Petersilie und etwas Paprikapulver bestreuen.

Dazu: Fladenbrot oder Reis

Schmeckt kalt und warm

Fertig in: 1 Stunde 15 Minuten

TIP: Auberginen saugen beim Anbraten das Öl auf wie ein Schwamm. Doch keine Angst vor zu viel Fett: Sie geben das Fett, wenn sie gar sind, wieder ab; es bleibt in Pfanne oder Auflaufform zurück.

Übrigens Paprikapulver ist aus der türkischen Küche nicht wegzudenken: Grob gerebelt oder fein gemahlen taucht es in vielen Rezepten auf. Als Tischgewürz steht immer ein Streuer mit Paprika anstelle von Pfeffer zum Nachwürzen auf dem Tisch.

Übrigens Gefüllte Auberginen sind ein sehr beliebtes Gericht in der Türkei. Dort heißt es „Imam bayıldı“, was soviel bedeutet wie: Der Imam war begeistert. Entstanden ist der Name aus vielen Erzählungen über einen Mann, der den Iman, den Dorf-Geistlichen, nach dem abendlichen Gebet in der Moschee zu sich nach Haus zum Essen einlud – zum Ärger seiner Frau, denn die hatte den ganzen Tag Wäsche gewaschen und keine Mahlzeit vorbereitet. Aufgeregt und voller Sorge vor der Blamage kochte sie ein Gericht aus gefüllten Auberginen in Olivenöl und servierte es. Ängstlich wartete sie in der Küche, bis ihr Mann kam und sagte: „Mach dir keine Sorgen, meine Liebe, der Imam war begeistert!“

Artischocken mit Kräuter-Vinaigrette×

Edel

FÜR 4 PORTIONEN ALS VORSPEISE
4 große runde Artischocken, 4 Zitronen, Jodsalz;
Vinaigrette: *2 hartgekochte Eier, 5 Schalotten, 2 Knoblauchzehen, je 1 Bund glatte Petersilie und Schnittlauch, je 1/2 Bund Minze und Basilikum, 3 Eßl. Weißwein-Essig, 1 Teel. scharfer Senf, Jodsalz, frisch gemahlener Pfeffer, 6 Eßl. Olivenöl, 3 Eßl. Nußöl oder neutrales Öl.*

Artischocken kalt abspülen. Die Stengel mit einem festen Ruck abbrechen (das geht am besten über der Tischkante). Dabei lösen sich die harten Fasern aus dem Blütenboden und auch die unteren Blätter. Dunkle holzige Blätter nach unten abziehen und die harten Spitzen der restlichen Artischockenblätter mit einer Küchenschere abschneiden. Artischocken in kaltes Zitronenwasser (Saft vo 1 Zitrone) legen, damit sie sich nicht verfärben. In einem großen Topf Salzwasser, den Saft von zwei Zitronen und eine in Scheiben geschnittene Zitrone aufkochen. Artischocken hineinlegen, mit einem kleineren Deckel beschweren, damit die Artischocken unter Wasser liegen, und 30 bis 40 Minuten kochen. Sie sind gar, sobald sich die mittleren Blätter leicht herauslösen lassen. Artischocken mit einer Schaumkelle aus dem Sud nehmen und ganz kurz kopfüber – mit dem Stielansatz nach oben – abtropfen lassen.

Vinaigrette: Eier schälen und sehr fein hacken. Schalotten und Knoblauchzehen abziehen und sehr fein würfeln. Kräuter abspülen, trockentupfen und fein hacken. Essig, Senf, drei Eßlöffel Wasser, Jodsalz und Pfeffer verrühren. Kräuter und Eier untermischen. Zum Schluß beide Öle mit einer Gabel unterschlagen. Artischocken mit der Vinaigrette servieren.

Dazu: Baguette oder Weißbrot

Fertig in: 1 Stunde

ZITRONEN sind häufig behandelt. Wer Zitronen mit Schale oder nur die Schale verwenden will, sollte deshalb nur unbehandelte Zitrusfrüchte verwenden. Limetten sind eine gute Alternative zu Zitronen. Sie sind immer unbehandelt (→ Seite 102).

ARTISCHOCKEN KOCHEN:
Sie brauchen Platz, deshalb einen großen Suppenkochtopf aus Edelstahl nehmen. Auf keinen Fall Artischocken in einem Aluminiumtopf kochen: Die hellen Blütenköpfe verfärben sich darin und werden häßlich grau und dunkel. Im Schnellkochtopf werden große Artischocken in 20 Minuten gar.

Soßen-Variation: Paprika-Mayonnaise×

2 Eigelb, Jodsalz, 2 – 4 Teel. Orangensaft, 1/4 l Olivenöl, 2 Knoblauchzehen, 2 Eßl. Paprikamark (Tube), 100 g Schmand, Cayennepfeffer, Zucker.

Eigelb, 1/2 Teel. Jodsalz und 2 Teel. Orangensaft mit den Quirlen des Handrührers verrühren. Olivenöl unter ständigem Weiterrühren auf der mittleren Stufe ganz langsam zugießen, bis sich Ei und Öl verbunden haben. Zerdrückten Knoblauch, Paprikamark und Schmand (→ Seite 124) unterrühren. Mit Jodsalz, Cayennepfeffer und einer Prise Zucker abschmecken. Ist die Mayonnaise zu fest, teelöffelweise Orangensaft unterrühren.

ARTISCHOCKEN sind nicht billig, und nur etwa ein Viertel der Distelblüte ist eßbar. Achten Sie deshalb besonders auf gute Qualität: Frische Artischocken sind fest, die Blätter liegen dicht an, und sie sind weder welk noch braun. Angebaut werden Artischocken in den Mittelmeerländern und in der Bretagne. Dort sind Artischocken eine sehr beliebte Vorspeise.

Soßen-Variation: Senfsoße ×

2 rote Zwiebeln, 2 Knoblauchzehen, 2 Bund Schnittlauch, 100 g Doppelrahmfrischkäse, 2 Eßl. Mayonnaise oder Salatcreme, 6 Eßl. Kefir oder Buttermilch, 2 Eßl. körniger Senf, Jodsalz, frisch gemahlener Pfeffer.

Zwiebeln und Knoblauch abziehen und fein würfeln. Schnittlauch abspülen, abtropfen lassen und in Ringe schneiden. Frischkäse, Mayonnaise, Kefir und Senf verrühren. Zwiebeln, Knoblauch und Schnittlauch unterrühren und mit Jodsalz und Pfeffer abschmecken.

Übrigens Artischocken ißt man so: Ein Blatt abzupfen, mit dem unteren fleischigen Ende in die Soße tunken und das weiche Fruchtfleisch mit den Zähnen herausziehen. Auf diese Art wird die Artischocke nach und nach entblättert, und dann kommt das Beste: der Artischockenboden. Er sitzt versteckt unter dem sogenannten „Heu“. Das entfernt man mit einem Löffel und ißt den zarten Artischockenboden mit Messer und Gabel und dem Rest der Soße.

Brokkoli mit Knoblauchsahne

Hauptsaison für Brokkoli: Juli bis Oktober

FÜR 3 PORTIONEN

500 g Brokkoli, Jodsalz, 3 große gekochte Kartoffeln, Fett für die Form, 2 Zwiebeln, 3 Knoblauchzehen, 1 Eßl. Olivenöl, 50 g geräucherter Würfelschinken, 100 ml fettarme Milch, 100 g Sahne, 2 Eier, frisch gemahlener Pfeffer, 80 g französischer Raclette-Käse.

Brokkoliröschen von den Stielen schneiden. Von den dicken Stielen die Haut mit einem Messer abziehen. Brokkoli putzen. In Salzwasser eine Minute kochen. Auf einem Sieb abtropfen lassen. Backofen auf 200 Grad, Umluft 170 Grad, Gas Stufe 3 vorheizen. Kartoffeln pellen und in Scheiben schneiden. Den Boden einer ofenfesten Form dünn einfetten. Kartoffeln und Brokkoli in die Form legen. Zwiebeln und Knoblauch schälen und in Olivenöl glasig dünsten. Würfelschinken, Zwiebeln und Knoblauch über den Brokkoli streuen. Milch, Sahne, Eier, Jodsalz, Pfeffer und geraspelten Käse mischen und über das Gemüse geben. Im Backofen 15 bis 20 Minuten goldbraun überbacken.

Dazu: Brot

Fertig in: 50 Minuten

Variation: Gekochter Schinken oder geräucherte Putenbrust statt geräuchertem Schinken.

BROKKOLI könnte auch Gesundheitskohl heißen, so viele wertvolle Inhaltsstoffe enthält er. Die sekundären Pflanzenstoffe sind hochkarätige Anti-Krebs-Mittel, und der hohe Vitamin-C-Gehalt (114 mg/100 g) schützt vor Arteriosklerose und Herzinfakt. Brokkoli nicht länger als ein bis zwei Tage im Kühlschrank aufbewahren, möglichst kurz garen und öfter mal roh essen. Einkaufstip: Frischer Brokkoli ist knackig grün und hat geschlossene Blüten. Trockene Risse an den Stielen und gelbgrüne, welke Röschen sind ein sicheres Zeichen für schlechte Ware. Eine sehr gute Alternative ist TK-Brokkoli.

Couscous mit Bohnen-Tomaten-Gemüse

Hauptsaison für grüne Bohnen: Juni bis Oktober

FÜR 6 PORTIONEN

Gemüse: *1 kleine Gemüsezwiebel, 400 g grüne Bohnen, 400 g Möhren, 2 Eßl. Öl, 400 ml Karottensaft, 1 Teel. Instant-Gemüsebrühe, 2 Lorbeerblätter, frisch gemahlener Pfeffer, 1 kleiner Zweig Rosmarin, 1/4 Teel. gemahlener Zimt, 1 kleine Dose Kichererbsen (265 g), 1 große Dose Tomaten (480 g), Jodsalz, Saft von 1/2 Zitrone, 1–2 Teel. Dattelmus oder Zuckerrübensirup;*

Couscous: *1 Eßl. Öl, 2 Teel. gemahlener Kurkuma (Gelbwurz), gemahlener Macis (Muskatblüte), 300 g vorgegarter Couscous (Hartweizengrieß, → Grundrezept), 1 Teel. Jodsalz, 1–2 Eßl. Butter.*

Gemüse: Zwiebel abziehen und in grobe Stücke schneiden. Von den Bohnen die Stielansätze, eventuell auch die Spitzen abschneiden. Bohnen in Stücke brechen. Möhren schälen und in 2 cm große Stücke schneiden. Zwiebeln in Öl anbraten. Karottensaft, Gemüsebrühe, Bohnen, Möhren, Lorbeer, Pfeffer, Rosmarin und Zimt dazugeben, aufkochen und zehn Minuten bei kleiner Hitze kochen. Abgetropfte Kichererbsen und Tomaten mit Flüssigkeit zugeben und weitere zehn Minuten garen. Mit Jodsalz, Zitronensaft, Dattelmus und Zimt abschmecken.

Couscous: Öl, Kurkuma und eine Prise Macis in einem Topf erhitzen. → Couscous, 300 ml Wasser und Jodsalz dazugeben, dann den Topf vom Herd nehmen und den Couscous kurz ausquellen lassen. Couscous mit weicher Butter vermischen, mit einer Gabel auflockern und zum Gemüse servieren.

Fertig in: 45 Minuten

COUSCOUS ist ein uraltes nordafrikanisches Grundnahrungsmittel und besteht aus gemahlenen, zu kleinen Kügelchen geformten Getreidekörnern. Vorwiegend Weizen, aber auch Hirse und Mais werden zu dieser klassischen Getreidegrütze verarbeitet. Es gibt unzählige Couscousgerichte mit Fleisch, Fisch, Gemüse, Hülsenfrüchten und auch süße Varianten mit Datteln, Rosinen und Milch. Der Handel bietet vorgegarten Couscous an, der schnell zubereitet und dessen Qualität gut ist. Unbedingt aufs Haltbarkeitsdatum achten: Alter Couscous schmeckt ranzig.

GRUNDREZEPT

Gedämpfter Couscous

500 g unbehandelter Couscous (Hartweizengrieß), Jodsalz, 1 l Gemüsebrühe (Instant), 40 g Butter.

→ Couscous in eine tiefe Schüssel geben und nach und nach mit einem halben Liter Salzwasser befeuchten. Mit einem Holzlöffel umrühren und 15 Minuten quellen lassen. Gemüsebrühe in einem hohen Topf aufkochen. Couscous in ein passendes Metallsieb geben und über die Brühe in den Topf hängen. Couscous mit einer Gabel oder den Fingern durchmengen, damit keine Klumpen entstehen. Metallsieb mit Alufolie verschließen und Couscous 30 Minuten dämpfen. Vor dem Servieren mit weicher Butter vermischen und noch einmal mit einer Gabel auflockern.

Fertig in: 50 Minuten

Übrigens Traditionell wird Couscous in einer Couscoussière zubereitet, einem Kochgeschirr aus Metall (→Foto) oder Ton, zu dem ein tiefer Suppentopf mit passendem Siebeinsatz und Deckel gehört.

Möhren in Honig-Wein-Sud ✕

Hauptsaison für Freiland-Möhren: Juni bis Oktober

FÜR 3 PORTIONEN ALS HAUPTGERICHT ODER FÜR 6 PORTIONEN ALS SNACK

100 g Hirse, Jodsalz, 4 getrocknete Feigen (ersatzweise Datteln oder Aprikosen), Saft von 1–2 Orangen, 1 Bund Lauchzwiebeln, 800 g junge Möhren, 3 Knoblauchzehen, 1/4 l Weißwein oder heller Traubensaft, 2 Eßl. Akazien-Honig, 3 Eßl. Olivenöl, 1/2 Bund frische Minze, Zitronenpfeffer.

→ Hirse in kaltem Salzwasser langsam aufkochen und auf kleiner Hitze 20 Minuten garen. Auf ein Sieb gießen und abtropfen lassen. Feigen mit Orangensaft übergießen und quellen lassen. Lauchzwiebeln putzen, in Röllchen schneiden. Möhren waschen, schälen, etwas Grün stehen lassen. Knoblauchzehen abziehen und halbieren. Wein, Honig, Knoblauch, Jodsalz und 250 ml Wasser in einem großen Topf aufkochen. Möhren darin in etwa zehn Minuten bißfest garen. Mit einer Schaumkelle aus dem Honig-Wein-Sud herausnehmen und auf eine Platte legen. Feigen aus dem Orangensaft nehmen und fein würfeln. Orangensaft, fünf Eßlöffel Honig-Wein-Sud und Olivenöl in einer großen Schüssel verrühren. Minze in feine Streifen schneiden, davon einen Eßlöffel beiseite stellen. Hirse, Feigen, Lauchzwiebeln und Minze zum Sud geben und kräftig mit → Zitronenpfeffer abschmecken. Die Hirsemischung über die Möhren geben und alles mit der restlichen Minze bestreuen.

Dazu: Baguette

Fertig in: 35 Minuten

HIRSE war bis zum letzten Jahrhundert eines der wichtigsten Breigetreide und kam anstelle von Brot oder Kartoffeln mehrmals täglich auf den Tisch. Jetzt wurde das winzige gelbe Getreide als Vollwertkost wiederentdeckt. Hirse ist eiweiß- und mineralstoffreich und enthält besonders viel Fluor. Der ist für Kinder wichtig, denn Fluor macht die Zähne hart. Außerdem ist Hirse glutenfrei und empfiehlt sich daher für Menschen, die an Zöliakie und Sprue leiden.

ZITRONENPFEFFER oder Lemon Pepper ist eine grob geschrotete Gewürzzubereitung aus schwarzem Pfeffer, Zitronenschale, Zwiebel- und Knoblauchpulver, Zitronensäure oder -saft und anderen Gewürzen. Schmeckt gut zu Fleisch und Fisch, aber auch in Salatsoßen, Marinaden und Gemüsegerichten. Zitronenpfeffer schmeckt, wie der Name sagt: sauer-pfeffrig.

Gewürz-Möhren-Taler

Gut vorzubereiten

FÜR 4 PORTIONEN
150 g Magerquark, 150 g kernige Haferflocken, 50 g Schmelzflocken, 2 Eier, 250 g Möhren, 2 Knoblauchzehen, 1 Zwiebel, 2 Eßl. Öl, 1 Bund Minze, 1 Teel. getrockneter Oregano, 1 Teel. Rosen-Paprika, 1/2 Teel. Currypulver, 1/2 Teel. Jodsalz, frisch gemahlener Pfeffer, 4 Eßl. Öl zum Braten.

Quark auf einem Sieb abtropfen lassen. Haferflocken, Schmelzflocken und Eier verrühren. Möhren schälen und auf der Rohkostreibe fein raspeln. Knoblauch und Zwiebel abziehen und fein würfeln. Möhren, Zwiebeln und Knoblauch in Öl etwa zehn Minuten bei mittlerer Hitze andünsten. Etwas abkühlen lassen. Dann mit Quark, feingehackter Minze, Oregano, Paprika, Curry, Jodsalz und reichlich Pfeffer unter die Haferflockenmasse rühren. Teig in acht Portionen teilen. Jede Portion zuerst zu einer Kugel, dann zu einem etwa 7 cm großen „Taler" formen. Zwei Eßlöffel Öl bei mittlerer Hitze in einer Pfanne erhitzen. Vier Taler in die Pfanne geben und von jeder Seite in etwa drei Minuten goldgelb braten. Auf Küchenkrepp abtropfen lassen und im vorgeheizten Backofen bei kleinster Hitze warm halten. Die übrigen Taler im restlichen Öl genauso backen.

Fertig in: 40 Minuten

Dazu: Schnittlauchquark
250 g Magerquark, 150 g Natur-Joghurt, 3 Eßl. Milch, 1/2 Teel. Jodsalz, 1/2 Teel. Edelsüß-Paprika und 1 Teel. Zucker verrühren. 1–2 Bund Schnittlauch abspülen, trockentupfen und in feine Röllchen schneiden; einen Eßlöffel für später beiseite stellen. Quark und Schnittlauch verrühren und mit frisch gemahlenem Pfeffer und einigen Spritzern Zitronensaft abschmecken. Schnittlauchröllchen darüberstreuen.

Dazu: Zucchini-Rohkost
Saft von 1 Zitrone, Jodsalz, frisch gemahlener Pfeffer, 2 Teel. Ahornsirup und 2 Eßl. Vollmilch-Joghurt verrühren. 500 g Zucchini und 1 roten Apfel waschen und trockentupfen. 2 Lauchzwiebeln putzen und in feine Ringe schneiden. Stielansätze der Zucchini und Kerngehäuse des Apfels entfernen. Zucchini und Apfel auf der Rohkostreibe fein reiben und sofort mit Lauchzwiebelringen und Joghurtsoße verrühren. Bis zum Servieren mit Frischhaltefolie abdecken.

TIP: Möhren-Taler halten sich im Kühlschrank zwei bis drei Tage. Bereiten Sie die doppelte Menge zu, und frieren Sie die fertigen Taler portionsweise ein. Sie können sie drei Monate im Tiefkühler lagern. Dann im Backofen 10 Minuten aufbacken.

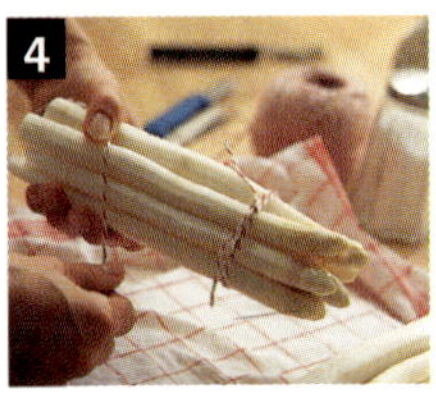

GRUNDREZEPT

Garmethoden für Spargel

Spargel immer abspülen, trockentupfen und von oben nach unten mit einem Sparschäler oder Messer schälen. Holzige Enden abschneiden (→ Fotos 1 – 3). Bei grünem Spargel nur die Enden abschneiden.

Dämpfen: Wasser im Dämpftopf aufkochen. Dämpfeinsatz einsetzen, Spargel darauf verteilen. Mit zwei Eßlöffel Butterflöckchen belegen, Spargel im geschlossenen Topf zehn Minuten dämpfen.

Gar ziehen: Spargel in kaltes Salz-Zucker-Wasser oder kalten Spargelfond geben, evtl. den Saft einer Zitrone oder Orange zufügen. Spargel aufkochen, von der Kochstelle nehmen und Spargel im Sud 20 bis 25 Minuten gar ziehen lassen.

Kochen: Spargel aufrecht in den Siebeinsatz eines Spargeltopfes stellen (er sollte mit dem unteren Drittel im Wasser stehen) und je nach Spargelstärke 10 bis 15 Minuten garen. Diese Methode schont die zarten Spargelköpfe. Oder Spargel portionsweise mit Küchengarn zusammenbinden (→ Foto 4). In einem großen Topf oder in einem rechteckigen Bratentopf reichlich Wasser mit Jodsalz, Zucker, einem Stückchen Butter und evtl. dem Saft einer halben Zitrone aufkochen. Die Spargelbündel in das kochende Wasser geben und bei kleiner Hitze je nach Stärke 10 bis 15 Minuten kochen.

Fertig in: 10 bis 25 Minuten

Spargel mit Kräuterkruste

Hauptsaison für Spargel: Ende April bis Juni

Übrigens In Deutschland dauert die Spargelsaison traditionell nur bis Johanni, dem 24. Juni. Danach läßt man den Spargel „ins Kraut schießen", damit das Spargelkraut Reservestoffe bilden kann, die im Wurzelstock gespeichert werden und so für eine gute Ernte im nächsten Jahr sorgen.

FÜR 4 PORTIONEN

1 kg dicker Spargel, Jodsalz, Zucker;
Fett für die Form;
Kräuterkruste: *2 Lauchzwiebeln,*
1 Bund glatte Petersilie, 1 Bund Kerbel,
60 g alter Gouda-Käse, 3 Eier,
3 Eßl. Weißwein oder Gemüsebrühe,
Jodsalz, frisch gemahlener Pfeffer.

Spargel vorbereiten (→ Grundrezept), in kochendes Salz-Zucker-Wasser geben und einmal aufkochen lassen. Kochwasser abgießen, den Spargel abtropfen lassen und in eine gefettete ofenfeste Form geben. Backofen auf 200 Grad, Umluft 170 Grad, Gas Stufe 3 vorheizen.

Kräuterkruste: Lauchzwiebeln putzen und in feine Ringe schneiden, dabei einen Eßlöffel für später aufheben. Kräuter abspülen, trockentupfen und fein hacken. Käse reiben. Eier, Wein, Jodsalz und Pfeffer verquirlen. Lauchzwiebeln, Kräuter und Käse unterrühren und alles über den Spargel gießen. Im Backofen etwa 15 Minuten überbacken. Eventuell mit Butterbrotpapier abdecken. Mit restlichen Lauchzwiebeln bestreuen.

Dazu: Pellkartoffeln oder Brot

Fertig in: 45 Minuten

TIP: Die gewaschenen Spargelschalen mit kaltem Wasser, je einer Prise Jodsalz und Zucker und einem Stückchen Butter aufkochen und zehn Minuten bei kleiner Hitze auskochen. Die Spargelbrühe abgießen (Schalen wegwerfen) und die Brühe als Basis für Spargelsuppe oder als Kochsud für die Stangen verwenden. Hält sich eingefroren mehrere Monate.

Variante: Blumenkohl, Brokkoli, Fenchel, Kohlrabi, Möhren, Porrestangen und Rosenkohl eignen sich genauso gut zum Überbacken mit dieser Kräuterkruste.

4. KAPITEL GEMÜSE

Paprika-Omelett

Hauptsaison für Paprika: Juli bis Oktober

FÜR 4 PORTIONEN

3 Zwiebeln, 2 Knoblauchzehen, 4 Fleischtomaten, 750 g Paprikaschoten, 3 Eßl. Olivenöl, Jodsalz, Zucker, 1/2 Teel. zerstoßene Chilischoten, 2 Stengel Thymian, 1 Lorbeerblatt, 6 Eier, 2 Eßl. Weißwein oder Wasser, Edelsüß-Paprika.

Zwiebeln und Knoblauch abziehen und grob würfeln. Tomaten überbrühen und häuten, Stielansätze herausschneiden, entkernen und würfeln. Paprika abspülen, halbieren, entkernen und in Stücke schneiden. Paprika, Zwiebeln, Knoblauch und Öl in eine große Pfanne geben und bei mittlerer Hitze etwa fünf Minuten dünsten. Tomaten zugeben und mit Jodsalz, Zucker und Chili würzen. Thymianblättchen abzupfen. Thymian und Lorbeerblatt zugeben und alles in der geschlossenen Pfanne etwa zehn Minuten dünsten. Eier und Wein verquirlen, mit Jodsalz und Edelsüß-Paprika würzen und über das Gemüse gießen, nicht mehr umrühren. Bei mittlerer Hitze etwa fünf Minuten stocken lassen. Omelett vom Rand lösen und auf eine Platte gleiten lassen.

Dazu: Baguette oder Vollkornbrot

Fertig in: 45 Minuten

Schmeckt kalt und warm

Variation: Gemüse-Omeletts sind schnell und unkompliziert zu machen. Statt Paprikaschoten können andere Gemüsesorten wie Zucchini, Porree, Erbsen, Möhren, Spargel, Kartoffeln oder eine Gemüse-Mischung für dieses Rezept verwendet werden. Herzhafter wird das Omelett, wenn Sie kleine Mengen gewürfelten Speck, Salami, Mettwurst, Brat- oder Fleischwurst mit anbraten. Zum Gemüse-Omelett schmecken auch dünne Scheiben Parma- oder Serranoschinken gut.

Für Fisch-Fans: Mit ein paar eingelegten Sardellen oder einem Teelöffel Sardellenpaste wird das Omelett pikanter. Oder: Thun- oder Räucherfisch zerrupfen und unterrühren, bevor die verquirlten Eier in die Pfanne kommen.

Marinierte Zucchini

Hauptsaison für Zucchini: Juni bis Oktober

FÜR 4 PORTIONEN
1 kg Zucchini;
Marinade: *1 unbehandelte Zitrone, 1 frische grüne Chilischote, 2 Knoblauchzehen, 3 Eßl. Öl, 1 kleine Dose Pizza-Tomaten (240 g), 1–2 Lorbeerblätter, 1/2 Teel. Nelkenpulver, Muskatnuß, 2–3 Eßl. süßer Wermut oder Wasser, Jodsalz, frisch gemahlener Pfeffer, Zucker.*

Zucchini abspülen, die Stielansätze entfernen und Zucchini in etwa 5 cm lange Stifte schneiden.

Marinade: Zitrone heiß abspülen und in Scheiben schneiden. Chilischote (→ Seite 37) längs halbieren und die Kerne herauskratzen (wegen der Schärfe mit Gummihandschuhen arbeiten). Knoblauch abziehen und hacken. Die Zucchini in einer großen Pfanne in heißem Öl bei mittlerer Hitze portionsweise anbraten. Herausnehmen und zur Seite stellen. Pizza-Tomaten, Zitronenscheiben, Knoblauch, Chili, Lorbeer, Nelkenpulver, geriebene Muskatnuß und Wermut ins Bratfett geben und fünf Minuten bei mittlerer Hitze in der offenen Pfanne schmoren lassen. Mit Jodsalz, Pfeffer und Zucker abschmecken. Zucchini zugeben und auf der ausgeschalteten Kochstelle mindestens fünf Minuten in der Gewürzmarinade ziehen lassen.

Dazu: Fladenbrot, Fisch, kurzgebratenes oder gegrilltes Fleisch oder jede Art von Schinken und Rohwürsten

Schmeckt warm und kalt

Fertig in: 35 Minuten

Variation: Die Gewürzmarinade eignet sich für viele vorgegarte Gemüsesorten, z. B. für Paprika, Auberginen, Blumenkohl oder auch Rosenkohl, selbst für Gemüse-Kombinationen wie Zucchini und Gemüsezwiebeln und sogar für kleine ganze Kartoffeln.

ZUCCHINI (ein einzelner heißt Zucchino) können sehr groß werden, aber die kleinen Exemplare schmecken besser. Ca. 150 Gramm bei einer Größe von 15 bis 20 Zentimetern sind Zucchino-Idealmaße. Dann ist der Geschmack knackig und nussig. Große Zucchini schmekken fad und schwammig und eignen sich eigentlich nur für Püree und Suppe.

*Fenchel italienisch*ˣ

Hauptsaison für Fenchel: September/Oktober

FÜR 3 PORTIONEN ALS HAUPTGERICHT ODER FÜR 6 PORTIONEN ALS VORSPEISE

3 große Fenchelknollen, Jodsalz, Saft von 1 Zitrone; Fett für die Form;
Füllung: *2 Scheiben Weizentoastbrot, 1 Eßl. Kürbiskerne, 2–3 Eßl. Olivenöl, 1/2 Bund Petersilie, 3 Tomaten, 100 g Provolone (italienischer Würzkäse aus Schafmilch; ersatzweise Mozzarella), Jodsalz, frisch gemahlener Pfeffer, 1 Teel. italienische Kräutermischung, 1–2 Teel. Olivenpaste (ersatzweise Sardellenpaste oder körniger Senf).*

Vom Fenchel (→ Seite 12) alle braunen, angetrockneten Stellen abschneiden, evtl. auch die äußeren Knollenblätter entfernen. Stengel abschneiden. Wurzelansatz so abschneiden, daß die Fenchelknolle noch zusammenhält. Fenchel längs halbieren. Einen Liter Wasser, einen Teelöffel Jodsalz und Zitronensaft in einem großen Topf aufkochen. Fenchel hineingeben und etwa zwölf Minuten bei mittlerer Hitze kochen. Herausnehmen, abtropfen lassen und in eine gefettete ofenfeste Form oder auf die Fettpfanne des Backofens setzen. Backofen auf 225 Grad, Umluft 200 Grad, Gas Stufe 4 vorheizen.

Füllung: Toastbrot entrinden und in feine Würfel schneiden. Kürbiskerne grob hacken. Olivenöl in einer mittleren Pfanne erhitzen und Kürbiskerne, Toastwürfel und gehackte Petersilie darin kurz rösten. Tomaten mit Schale und Provolone in feine Würfel schneiden und untermischen. Mit Jodsalz, Pfeffer, Kräutermischung und Olivenpaste kräftig würzen. Füllung auf die Fenchelhälften verteilen. Im Backofen etwa sechs Minuten überbacken.

Dazu: Risotto (→ Seite 41)

Fertig in: 40 Minuten

TIP: Das Fenchelgrün wird mit dem Stengel beim Putzen entfernt. Doch wegwerfen sollten Sie es nicht. Das aromatische und vitaminreiche Grün können Sie wie frische Kräuter hacken und über das fertige Essen streuen.

Süß-saure Austernpilze

Austernpilze und Champignons gibt's das ganze Jahr

FÜR 3 PORTIONEN

500 g Austernpilze, 200 g Champignons, 3 Tomaten, 1/4 l Tomatensaft, 2–3 Eßl. Rotwein-Essig, 2 Eßl. flüssiger Honig, frisch gemahlener Pfeffer, 3 Cornichons oder kleine Gewürzgurken, je 1/2 Bund Dill und Kerbel, 2 rote Zwiebeln, 3 Eßl. Öl, Jodsalz.

→ Austernpilze und Champignons putzen, von den Austernpilzen die Stiele abschneiden (für Soße oder Suppen verwenden). Große Pilze in Scheiben schneiden oder halbieren. Tomaten kreuzweise einritzen, mit heißem Wasser überbrühen und häuten. Tomaten in Viertel schneiden und entkernen. Tomatenkerne (→ Seite 27) hacken und mit Tomatensaft, Essig, Honig und Pfeffer verrühren. Cornichons auf der Rohkostreibe in feine Scheiben schneiden. Kräuter fein hacken. Zwiebeln abziehen, würfeln und in einem Eßlöffel heißem Öl glasig braten, Zwiebeln herausnehmen. Restliches Öl in die Pfanne geben. Die vorbereiteten Pilze bei starker Hitze drei Minuten unter Rühren braten. Etwas salzen. Tomaten, Cornichons, Zwiebeln und Tomatensoße zufügen und noch eine Minute dünsten. Mit gehackten Kräutern bestreuen.

Dazu: Reis oder Pellkartoffeln

Fertig in: 40 Minuten

AUSTERNPILZE sind Zuchtpilze, daher das ganze Jahr erhältlich. Der „Kalbfleischpilz" ist sehr eiweißreich und leichter verdaulich als der Champignon. Pilzkenner bevorzugen große Exemplare; die sind reifer und aromatischer im Geschmack. (Das übrigens gilt auch für Champignons und Shiitake-Pilze.) Die Stiele der Austernpilze sind manchmal zäh. Man sollte sie abschneiden, kleinhacken und für Suppen, Soßen oder Gulasch als Würze verwenden. „Alte" Austernpilze sind glitschig, der weiße Schimmelbelag auf den Pilzhüten dagegen ist ganz natürlich – solange der Pilz noch gut duftet. Den harmlosen Schimmel einfach mit Küchenkrepp abwischen (→ Foto).

Kohlrabi mit Erdnußfüllung

Hauptsaison für Kohlrabi: Mai bis Oktober

FÜR 4 PORTIONEN ALS HAUPTGERICHT ODER FÜR 8 PORTIONEN ALS SNACK

8 kleine Kohlrabi à 200 g, Jodsalz, 2 kleine Zwiebeln, 2 Knoblauchzehen, 20 g Butter, 40 g gesalzene Erdnüsse, 1 Bund Basilikum, 100 g mittelalter Gouda-Käse, 3 Eßl. Weißwein oder Gemüsebrühe (Instant), 3 Eßl. Schlagsahne, 1 Eigelb, frisch gemahlener Pfeffer, 1/2 Teel. Edelsüß-Paprika, Fett für die Form.

Die Kohlrabi schälen (die zarten Blätter nicht abschneiden) und in einem großen Topf mit leicht gesalzenem Wasser in etwa 15 Minuten bißfest kochen. Kohlrabi herausheben, das Kochwasser aufheben. Einen 1–2 cm dicken Deckel von den Kohlrabi abschneiden und zur Seite legen. Die Kohlrabi mit einem Kugelausstecher oder mit einem Teelöffel so aushöhlen, daß ein etwa 1 cm breiter Rand stehen bleibt. Das Kohlrabi-Innere fein hacken. Zwiebeln und Knoblauch abziehen, würfeln und in Butter glasig dünsten. Backofen auf 175 Grad, Umluft 150 Grad, Gas Stufe 2 vorheizen. Grob gehackte Nüsse kurz mitdünsten. Abkühlen lassen. Basilikum in feine Streifen schneiden. Käse fein reiben. Gehackten Kohlrabi, Käse, Basilikum, Wein, Sahne und Eigelb mit Zwiebel-Nuß-Masse vermischen und mit Pfeffer, Paprika und wenig Jodsalz abschmecken. Die Masse in die ausgehöhlten Kohlrabi füllen, Deckel auflegen und in eine gefettete ofenfeste Form setzen. Etwa 150 ml Kohlrabi-Kochsud in die Form gießen und im Backofen etwa 15 Minuten backen.

Dazu: Butterbrot

Fertig in: 50 Minuten

Pakoras (Indisches fritiertes Gemüse)x

Hauptsaison für Blumenkohl: Juni bis Oktober

FÜR 4 PORTIONEN

Ausbackteig: *120 g Kichererbsenmehl, 60 g Weizenmehl, 1 Eßl. Jodsalz, 1 Teel. Kumin (Kreuzkümmel), 1/2 Teel. Chilipulver, 1 Teel. Kurkuma (Gelbwurz), 1/4 Teel. gemahlener Koriander, 1 Teel. Backpulver;*
Gemüse: *1 kleiner Blumenkohl, 1 mittelgroßer Zucchino, 1 kleine Aubergine, 1 kleine Gemüsezwiebel, 3 mittelgroße Kartoffeln, 1 rote Paprikaschote;*
Fett zum Ausbacken.

Ausbackteig: Beide Mehlsorten, Gewürze und Backpulver vermischen. 150 ml Wasser unter Rühren zugeben, so daß ein dickflüssiger Teig entsteht. Abdekken und 20 Minuten quellen lassen. **Gemüse:** Blumenkohl waschen und in kleine Röschen teilen. Zucchino und Aubergine abspülen, trockentupfen und in Scheiben schneiden. Zwiebel abziehen und in dünne Ringe schneiden. Kartoffeln schälen und in Scheiben schneiden. Paprika abspülen, entkernen und in Streifen schneiden. → Fritier-/Ausbackfett erhitzen. Gemüsestücke auf eine Gabel spießen, in den Teig tauchen, abtropfen lassen und dann ins heiße Fett geben. Je nach Dicke etwa drei bis fünf Minuten fritieren, bis die Stücke goldbraun sind. Nicht mehr als vier bis fünf Stücke auf einmal ins Fritierfett geben. Mit einer Edelstahl(!)-Schaumkelle herausnehmen und auf Küchenkrepp abtropfen lassen.

Dazu: Fertige Dips wie Sambalsoße, Mango-Chutney, süß-scharfe Chilisoße, Tomatenketchup.
Und: Joghurtsoße

Fertig in: 45 Minuten

Dazu: Joghurtsoßex
250 g Natur-Joghurt, 150 g saure Sahne und eine Messerspitze Kumin (Kreuzkümmel) verrühren und mit Jodsalz abschmecken. Kalt zu den Pakoras servieren.

KICHERERBSENMEHL
(indisch: Besan) ist ein sehr fein gemahlenes, gelbes Mehl aus Kichererbsen, das in der ostasiatischen Küche für Fladenbrote, Klöße, Ausbackteig und auch zum Andicken von Soßen verwendet wird. Das Mehl gibt's in indischen oder asiatischen Lebensmittelgeschäften oder in den Lebensmittelabteilungen der großen Kaufhäuser.

FRITIEREN: Fritier-/Ausbackfett in einem hohen Topf (Fett sollte mindestens 8 cm hoch im Topf stehen) oder in der Friteuse erhitzen. Bei 180 Grad ist die richtige Temperatur erreicht. Wenn Sie keinen Temperaturregler haben, tauchen Sie einen Holzlöffel in das heiße Fett. Die Temperatur ist richtig, wenn an dem Löffel kleine Blasen aufsteigen. Nach dem Ausbacken das Fritierfett filtern, damit das Fett ohne Rückstände bis zum nächsten Fritieren aufbewahrt werden kann: Fritierfett lauwarm abkühlen lassen, dann durch ein mit Küchenpapier ausgelegtes Sieb oder durch eine Filtertüte gießen. In ein verschließbares Gefäß (z. B. Glas mit Schraubverschluß) geben und kühl und dunkel aufbewahren. Fritierfett hält sich vier bis sechs Wochen. Nach 6–8maligem Gebrauch sollte es ersetzt werden.

Auberginen mit Zitronen-Joghurt

Hauptsaison für Auberginen: August/September

FÜR 3 PORTIONEN ALS HAUPTGERICHT ODER
FÜR 6 PORTIONEN ALS SNACK ODER VORSPEISE
4 Eßl. Weizenvollkornmehl, 1 Teel. Jodsalz, 1-2 Teel. mildes Currypulver, 1/2 Teel. Cayennepfeffer, 6 frische milde Peperoni (gibt's im türkischen Lebensmittelladen), 2 Auberginen (ca. 600 g), 80–100 ml Olivenöl zum Braten;
Zitronen-Joghurt: *500 g Natur-Joghurt, 1 Schuß Mineralwasser, 1 unbehandelte Zitrone, Jodsalz, weißer Pfeffer, 1–2 Teel. Agavensirup, 1/2 Bund frische Minze.*

Mehl, Jodsalz, Curry und Cayennepfeffer vermischen. Peperoni längs halbieren und entkernen. Auberginen abspülen, trockentupfen und die grünen Stielansätze entfernen. In etwa 1/2 cm dicke Scheiben schneiden, im gewürzten Mehl wenden. Portionsweise in einer großen Pfanne in heißem Fett bei mittlerer Hitze von beiden Seiten braun braten. Auf Küchenkrepp abtropfen lassen. Peperoni im Bratfett etwa vier Minuten braten, dabei die Pfanne öfter hin- und herschwenken.

Zitronen-Joghurt: Joghurt, Mineralwasser, abgeriebene Schale einer halben Zitrone und Zitronensaft verrühren und mit Jodsalz, Pfeffer und Agavensirup (→ Seite 81) würzen. Auberginen, Zitronen-Joghurt und Peperoni auf einer Platte anrichten und mit Minzestreifen bestreuen.

Dazu: Reis oder Fladenbrot

Schmeckt warm und kalt

Fertig in: 35 Minuten

Zuckerschoten mit Ingwer-Hack-Soße

Hauptsaison für Zuckerschoten: Juni bis August

FÜR 2 PORTIONEN
1 Stück frischer Ingwer (30 g),
250 g Beefsteakhack,
2 Eßl. salzige Sojasoße,
250 g Zuckerschoten, Jodsalz,
Zucker, 5 Radieschen,
1 frische rote Chilischote, 1 Zwiebel,
2 Knoblauchzehen, 1 Eßl. Öl,
1/2 Bund Petersilie oder Koriander,
2 Eßl. Sake (Reiswein) oder
trockener Sherry;
(ersatzweise Saft von 1/2 Zitrone),
5 Eßl. Hühnerbrühe (Instant),
2 Eßl. süße Chilisoße.

Ingwer (→ Seite 111) schälen und fein hacken. Hackfleisch und Ingwer vermischen, mit Sojasoße beträufeln und zur Seite stellen. → Zuckerschoten putzen und in Salzwasser mit zwei Prisen Zucker zwei Minuten kochen, kleine Schoten brauchen nur eine Minute. Kalt abspülen und abtropfen lassen. Radieschen putzen, abspülen und in Stifte schneiden. Chilischote aufschlitzen, entkernen und fein hacken (wegen der Schärfe mit Gummihandschuhen arbeiten). Zwiebel und Knoblauch abziehen und würfeln. Öl in einer großen Pfanne erhitzen und mariniertes Hackfleisch, Chili, Zwiebel und Knoblauch unter Rühren braun anbraten. Gehackte Petersilie unterrühren. Sake, Brühe und Chilisoße verrühren, dazugeben und Hacksoße mit den vorhandenen Gewürzen abschmecken. Zuckerschoten auf eine Platte oder einen großen Teller geben, mit Hacksoße begießen und mit den Radieschen bestreuen.

Dazu: Eiernudeln oder Reis

Fertig in: 30 Minuten

TIP: Radieschen ohne Blätter in eine Plastiktüte oder -dose geben. Im Kühlschrank bleiben sie so mindestens fünf Tage frisch und knackig. Im Sommer sind Radieschen schärfer, da sie dann aus dem Freiland kommen.

AGAVENSIRUP ist ein neues Süßungsmittel. Es süßt Backwaren, Desserts, Salatsoßen, Konfitüren, Getränke und enthält ein Viertel weniger Kalorien als Haushaltszucker. Diese „Süße" schmeckt neutral, löst sich sowohl in kalten als auch in warmen Speisen und Getränken gut und verstärkt das Aroma anderer Rezeptbestandteile. Agaven sind ursprünglich in Mittelamerika beheimatet. Von den Spaniern wurden sie Ende des 15. Jahrhunderts nach Europa gebracht. Heute findet man sie rund ums Mittelmeer.

ZUCKERSCHOTEN haben kaum Abfall. Schneiden Sie die Spitze und den Stielsansatz etwa einen Millimeter ab und ziehen die beiden seitlichen „harten" Fäden ab. Dann die Zuckerschoten abspülen und tropfnaß mit einem Stückchen Butter, Jodsalz und Zucker in einem gut geschlossenen Topf drei bis fünf Minuten garen. Für Salate Zuckerschoten in siedendem Salzwasser 30 bis 60 Sekunden im offenen Topf blanchieren, abgießen und sofort in Eiswasser abschrecken; so bleiben sie schön grün. Abtropfen lassen.

Milch macht müde Menschen munter

Falls Sie zu den Leuten gehören, die pure Milch nicht trinken mögen, sollten Sie möglichst bald viele der Rezepte dieses Kapitels ausprobieren. Denn wenn Sie Tsatsiki oder andere Dips (Seite 84/85) essen, Schweizer Käse-Tartes (Seite 88) genießen oder sich schnell panierten Schafkäse (Seite 92) zum Abendessen machen, dann nehmen Sie ganz nebenbei auch die wichtigen Inhaltsstoffe zu sich, die die Milch enthält. Und munter werden Sie auch.

Scharfer Ziegenkäse-Dip

250 g Sahnequark, 4–6 Eßl. Buttermilch, 300 g Ziegenfrischkäse, 1/2 getrocknete Chilischote oder 1/4 Teel. zerstoßene Chilischoten, 2 Stiele Minze, Jodsalz, weißer Pfeffer.

Quark, Buttermilch und Ziegenfrischkäse verrühren, Chilischote evtl. im Mörser zerstoßen, Minze abspülen, trockentupfen und in Streifen schneiden. Alles unter den Quark mischen und mit Jodsalz und Pfeffer abschmecken.

Fertig in: 10 Minuten

Tsatsiki

600 g griechischer Joghurt (ersatzweise 450 g Natur-Joghurt und 150 g Sahnequark), 1/2 Salatgurke, Jodsalz, 1/2 Bund Dill oder 3 Stiele Minze, 2–3 Knoblauchzehen, 2 Eßl. Olivenöl.

Ein Haarsieb mit Mulltuch oder einer Kaffeefiltertüte auskleiden. Joghurt hineingießen und abtropfen lassen. Salatgurke schälen, auf der Rohkostreibe grob raspeln, mit einem halben Teelöffel Jodsalz vermischen und zehn Minuten stehen lassen. Dill von den Stielen zupfen und fein hacken; oder Minze abspülen, trockentupfen und in Streifen schneiden. Knoblauch abziehen und zerdrücken. Gurkenraspel mit der Hand etwas ausdrücken und mit abgetropftem Joghurt, Dill oder Minze, Knoblauch und Olivenöl verrühren. Mit Jodsalz abschmecken.

Fertig in: 20 Minuten ohne Abtropfzeit

Pimento Cheese

150 g mittelalter Gouda-Käse, 2 Lauchzwiebeln, 4 eingelegte scharfe rote Chilischoten oder eingelegte Peperoni, 125 g Halbfett-Mayonnaise, 6 Eßl. saure Sahne, 1/2–1 Eßl. grober schwarzer Pfeffer, Jodsalz, Zucker.

Käse auf der Rohkostreibe oder im Mixer grob raspeln. Lauchzwiebeln putzen, längs halbieren und in feine Ringe schneiden. Chilischoten in dünne Scheiben schneiden. Mayonnaise und saure Sahne verrühren. Käse, Lauchzwiebeln und Chili unterrühren und den Dip mit Pfeffer, Jodsalz und einer Prise Zucker abschmecken.

Fertig in: 15 Minuten

Schinken-Mascarpone-Dip

2 Stangen Staudensellerie, 100 g Katenschinken oder Lachsschinken ohne Fettrand, 100 g bayrischer Blauschimmelkäse, 200 g Mascarpone (ital. Doppelrahmfrischkäse); 150 g Natur-Joghurt, frisch gemahlener Pfeffer.

Sellerie (→ Seite 145) mit dem Sparschäler dünn abschälen und fein würfeln. Schinken fein würfeln. Vom Blauschimmelkäse die äußere Schimmelschicht abschneiden, den Käse fein würfeln. Mascarpone und Joghurt mit dem Käse verrühren. Von den Sellerie- und Schinkenwürfeln je einen Eßlöffel zum Bestreuen abnehmen, Würfel unterrühren und mit Pfeffer abschmecken. Mit restlichen Würfeln bestreuen (→ im Foto 1).

Fertig in: 15 Minuten

Kräuter-Dip ✗

Je 1 Bund Schnittlauch und Dill, 1 Päckchen Kresse, 1 Zwiebel, 200 g Kräuterfrischkäse, 200 g Schmand, 2 Teel. mittelscharfer Senf, 100 ml fettarme Milch, frisch gemahlener Pfeffer, Jodsalz, Saft von 1/2 – 1 Zitrone.

Schnittlauch und Dill abspülen, trockentupfen und fein hacken, einen Eßlöffel zum Bestreuen abnehmen. Kresse mit einer Schere vom Kressebeet abschneiden. Zwiebel abziehen und sehr fein würfeln. Frischkäse, Schmand (→ Seite 124), Senf und Milch verrühren. Kräuter und Zwiebel unterrühren. Den Dip mit Pfeffer, Jodsalz und Zitronensaft abschmecken. Mit restlichen Kräutern bestreuen (→ im Foto 2).

Fertig in: 15 Minuten

Avocado-Schafkäse-Creme ✗

1 reife Avocado, Saft von 1 Limette, 200 g Magerquark, 150 g Feta-Schafkäse, 4 – 5 Schalotten, 1 Bund Kerbel, Jodsalz, frisch gemahlener Pfeffer.

Avocado der Länge nach halbieren: bis zum Kern einschneiden, Avocadohälften gegeneinanderdrehen, aufklappen und den Kern entfernen. Die rauhe Schale etwas lupfen und mit einem spitzen Messer vom Fruchtfleisch abziehen. Avocadohälften kleinschneiden, mit Limettensaft beträufeln und zusammen mit dem Quark in einem hohen Rührbecher mit dem Schneidstab des Handrührers pürieren. Schafkäse grob zerbröckeln, einen Eßlöffel für später abnehmen. Schalotten abziehen. Kerbel abspülen und trockentupfen; beides fein hacken. Restlichen Schafkäse, Schalotten und Kerbel unter die Avocadocreme rühren. Mit Jodsalz und Pfeffer abschmecken und mit restlichem Schafkäse bestreuen (→ im Foto 3).

Fertig in: 20 Minuten

DIPS, kalte Soßen zum Eintunken von kleinen Happen, sind einfach vorzubereiten und praktisch, wenn Gäste kommen. Gemüse ist ideal zum Dippen: Möhren, Gurken, Paprika, Sellerie, Champignons, Radieschen, Chicorée, Cocktail-Tomaten, Kohlrabi. Aber auch Chips, Kräcker, Brödli, Vollkornbrot oder Baguette und Ciabatta (ital. Weizenbrot) sollten zum Dippen bereitstehen. Ein richtiges Dip-Büffet hält noch kleine Frikadellen, Shrimps, Cocktailwürste und außerdem Apfel- und Birnenstücke und evtl. Erdbeeren bereit.

Zitrusfrüchte-Quark

Hauptsaison für Zitrusfrüchte: Oktober bis März

FÜR **6** PORTIONEN

Zitrusfrüchte: *3 Orangen,*
2–3 Eßl. Tropic- oder Papayasirup (Reformhaus),
2 Grapefruits, 3 Clementinen;
Quark: *500 g Speisequark (20 %),*
300 g Sahne-Joghurt, 3 Eßl. Zucker,
4 Eßl. Schmelzflocken,
2–3 Eßl. Orangenmarmelade.

JOGHURT besteht aus Milch oder Sahne. Wer häufig Joghurt ißt, sollte auf den Fettgehalt, auch im Frucht-Joghurt, achten: „Normaler" Joghurt (Natur-Joghurt) hat 3,5 %; fettarmer Joghurt 1,5 –1,8 %; Magermilch-Joghurt 0,3 %; Sahne- oder Rahm-Joghurt mindestens 10 %. Der Fruchtanteil in fertigem Frucht-Joghurt ist übrigens gering. Gesünder und vitaminreicher wird's, wenn Sie frische Früchte oder frisch gepreßte Säfte unter fettarmen puren Joghurt mischen.

Zitrusfrüchte: Eine Orange auspressen. Orangensaft und Tropicsirup verrühren. Zitrusfrüchte heiß abwaschen und abtrocknen. Die Schale der Zitrusfrüchte so dick abschneiden, daß die weiße Haut mit entfernt wird. Hände gründlich waschen. Zitrusfrüchte in mundgerechte Stücke schneiden, dabei den Saft auffangen. Den Saft und die Zitrusstücke vermischen. Mit Frischhaltefolie abdecken und 30 Minuten kühl stellen.

Quark: Quark, Joghurt und Zucker mit dem Schneebesen cremig schlagen. Schmelzflocken und Marmelade unterrühren. Marinierte Früchte in Gläser füllen, mit Quark auffüllen und etwas verrühren.

Fertig in: 20 Minuten ohne Kühlzeit

Heidelbeer-Knusper-Müsli ˣ

Ganz einfach

FÜR 4 PORTIONEN
150 g Schokoladen-Müsli,
100–120 ml Orangensaft,
300 g Natur-Joghurt,
200 g Orangen-Joghurt,
3–4 Eßl. Heidelbeeraufstrich oder Heidelbeerkonfitüre,
Kakao zum Bestäuben.

Schokomüsli in vier Gläser verteilen, dabei zwei Eßlöffel Müsli für später aufheben. Müsli in den Gläsern mit je zwei Eßlöffel Orangensaft beträufeln. Natur- und Orangen-Joghurt verrühren und die Hälfte der Mischung auf die vier Gläser verteilen. Heidelbeeraufstrich und restlichen Orangensaft verrühren und mit einem Löffel auf die Gläser verteilen, dann jedes mit dem restlichen Joghurt bedecken. Mit restlichem Müsli bestreuen und mit Kakao bestäuben.

Fertig in: 10 Minuten

Namkeen Lassi ˣ (salziger Joghurtdrink aus Indien)

Pikant

FÜR 4 PORTIONEN
1/2 Bund Koriander,
evtl. 1/2 frische grüne Chilischote,
300 g Natur-Joghurt,
1/2 Teel. Kumin (Kreuzkümmel),
1/2 Teel. Jodsalz, 700 ml kohlensäurearmes Mineralwasser oder Wasser.

Koriander abspülen, trockentupfen und fein hacken. Einen Eßlöffel Koriander für später abnehmen. Evtl. Chilischote abspülen, entkernen und fein hacken (wegen der Schärfe mit Gummihandschuhen arbeiten). Joghurt, Kumin, Jodsalz, restlichen Koriander und Mineralwasser mit dem Pürierstab des Handrührers, im Mixer oder mit dem Schneebesen etwa eine Minute aufschlagen. Joghurtgetränk etwa eine Stunde in den Kühlschrank stellen. In Gläsern mit Eiswürfeln servieren und mit restlichem Koriander bestreuen.

Fertig in: 10 Minuten ohne Kühlzeit

Variation: Für eine süße Version 300 Gramm Vollmilch-Joghurt mit einem halben Teelöffel gemahlenem Kardamom, vier Eßlöffel Zucker und 700 ml Wasser mit dem Pürierstab oder im Mixer aufschlagen und kühl servieren.

*Schweizer Käse-Tartes*ˣ

Auch fürs Büffet

FÜR 10 STÜCK
1 Paket TK-Blätterteig (5 backfertige Scheiben; 300 g), Mehl für die Arbeitsplatte; Fett und Mehl für die Förmchen;
Füllung: *2 mittelgroße Zwiebeln, 1 Eßl. Butter, 1 Eßl. Edelsüß-Paprika, 1 Teel. Mehl, 170 g Schweizer Emmentaler Käse, 2 Bund Schnittlauch, 200 g saure Sahne, 4 Eier, 1 Eßl. körniger Senf, Jodsalz, frisch gemahlener Pfeffer.*

BLÄTTERTEIG findet man fertig in der Tiefkühltruhe (Packungen zu 300 und zu 450 Gramm). So wird der Teig weiterverarbeitet: Zum Auftauen Teigscheiben nebeneinander auf die Arbeitsfläche legen, das Auftauen dauert etwa 20 Minuten. Ausrollen sollten Sie den Teig nur, wenn darin Kräuter, Gewürze, Marzipan o. ä. eingearbeitet und wenn Förmchen oder andere Formen damit ausgelegt werden: Je weniger der Teig ausgerollt wird, desto blättriger ist er. Teigreste nie zusammenkneten, sondern übereinanderlegen und erneut ausrollen. Zum Bestreichen Eigelb mit Wasser oder Milch verquirlen, die Mischung dünn mit dem Pinsel auftragen, dabei die Schnittkanten auslassen, damit die Teigschichten nicht zusammenkleben. Teig vor dem Backen mindestens 15 Minuten ruhen lassen. Blätterteig immer im vorgeheizten Backofen, bei hoher Temperatur auf der mittleren Schiene backen.

→ Blätterteig auftauen lassen. Teigplatten quer halbieren. Jedes der zehn Teigstücke auf der bemehlten Arbeitsfläche auf die Größe eines Tarteförmchens (Durchmesser 10 cm + 2 cm Rand; gibt's auch aus Alufolie: mehrfach benutzen!) ausrollen. Förmchen fetten, Boden und Rand mit Mehl bestäuben. Förmchen mit Teig auslegen. Teigboden mehrmals mit einer Gabel einstechen. Überhängende Teigränder nach innen klappen oder abschneiden. Teig eine Weile ruhen lassen.

Füllung: Zwiebeln abziehen, fein würfeln und in Butter bei kleiner Hitze etwa fünf Minuten dünsten. Paprika und Mehl unterrühren. Zwiebeln auf einen Teller geben und abkühlen lassen. Käse fein würfeln. Backofen auf 225 Grad, Umluft 200 Grad, Gas Stufe 4 vorheizen. Schnittlauch abspülen, trockentupfen und in feine Ringe schneiden. Zwiebeln, Käse und Schnittlauch nacheinander in die Förmchen verteilen. Saure Sahne, Eier, Senf, Jodsalz und Pfeffer verrühren, kräftig abschmecken und über die Füllung in den Förmchen gießen. Im Backofen etwa 20 Minuten backen. Eventuell mit Pergamentpapier abdekken, damit sie nicht zu braun werden. Förmchen herausnehmen. Etwas abkühlen lassen, dann die Käse-Tartes mit einem spitzen Messer vom Rand lösen und aus den Förmchen gleiten lassen.

Fertig in: 1 Stunde 30 Minuten

TIP: Anstelle der kleinen Tarteförmchen können Sie eine große Tarteform (Durchmesser 28 cm) verwenden. Zutatenmenge und Backzeit bleiben gleich.

Variation: Wer es etwas herzhafter mag, mischt kleine Würfel von gekochtem Schinken, Räucherschinken oder Salami unter die Käsefüllung.

Quark-Mohn-Nocken mit Beerensalat

Hauptsaison für Beeren: Juni bis August

FÜR 4 PORTIONEN
Quarknocken: *250 g Magerquark, 30 g Butter, 2 Eßl. Zucker, 1 Päckchen Vanillinzucker, Jodsalz, 1 Ei, 1/2 Päckchen Zitronenschalenaroma, 80 g Weizengrieß, 2 Eßl. Semmelbrösel;*
Beerensalat: *200 g Heidelbeeren, 100 g Himbeeren, 500 g Erdbeeren, 100 ml Apfelsaft, 2–3 Eßl. Agavensirup; 150 ml Schlagsahne, 1/2 Paket backfertige Mohnfüllung (125 g).*

Quarknocken: Quark eine Stunde auf einem Sieb abtropfen lassen. Weiche Butter, Zucker, Vanillinzucker, eine Prise Jodsalz und das Ei mit dem Schneebesen schaumig schlagen. Quark, Zitronenschalenaroma (→ Seite 119), Grieß und Semmelbrösel unterrühren und den Grießteig 30 Minuten zugedeckt quellen lassen. In einem großen Topf mindestens zwei Liter Salzwasser aufkochen. Mit einem vorher ins heiße Wasser getauchten Eßlöffel längliche Nocken (Klöße) aus der Quarkmasse abstechen. Mit Hilfe eines zweiten nassen Eßlöffels die Nocke glattstreichen, ins Salzwasser tauchen und ablösen. So weiterverfahren, bis dic Quarkmasse verbraucht ist. Kochstelle ausstellen und Quarknocken etwa 12 Minuten im offenen Topf ziehen lassen. Mit einer Schaumkelle herausnehmen und abtropfen lassen.

Beerensalat: Heidelbeeren und Himbeeren verlesen, abspülen und abtropfen lassen. Erdbeeren gründlich waschen (→ Seite 125), abtropfen lassen und habieren. Apfelsaft und Agavensirup (→ Seite 81) verrühren und mit allen Früchten vermischen. Sahne und → backfertige Mohnfüllung in einer Pfanne verrühren und einmal aufkochen. Mohnsahne über die Quarknocken gießen und mit den Früchten servieren.

Fertig in: 1 Stunde 30 Minuten

Variation: Statt Beeren können Sie auch andere frische Früchte oder TK-Früchte verwenden. Anstelle der Mohnsahne schmeckt auch **Mohnbutter** gut zu den Klößchen: 50 Gramm Butter mit 150 ml Orangensaft und 1/2 Paket backfertige Mohnfüllung in der Pfanne aufkochen und heiß über die Klößchen geben.

Übrigens Nocken oder Nockerl nennt man in Österreich kleine längliche Klößchen. Man sticht sie mit dem Löffel ab und läßt sie dann in Salzwasser garziehen.

MOHNFÜLLUNG
für Kuchen und Süßspeisen gibt's backfertig. Sie finden sie im Supermarkt bei den Backartikeln.

Käse-Champignons[x]

Auch fürs Büffet

FÜR 4 PORTIONEN ALS ABENDESSEN ODER FÜR 12 PORTIONEN ALS SNACK

12 große Champignons zum Füllen, Fett für die Form, 2 Lauchzwiebeln, 3 Knoblauchzehen, 1 Eßl. Olivenöl, 100 g mittelalter Gouda-Käse, je 1/2 Bund Dill und Schnittlauch, 50 g Doppelrahmfrischkäse, 1 Eigelb, Jodsalz, frisch gemahlener Pfeffer, Saft von 1/2 Zitrone.

Pilze mit Küchenkrepp abreiben, das Ende der Pilzstiele abschneiden. Stiele herausdrehen und fein hacken. Pilzköpfe in eine ofenfeste gefettete Form oder auf ein gefettetes Backbleck setzen. Lauchzwiebeln putzen, Knoblauch abziehen und beides fein hacken. Gehackte Pilzstiele, Lauchzwiebeln und Knoblauch in Olivenöl etwa drei Minuten andünsten. Abkühlen lassen. Backofen auf 200 Grad, Umluft 170 Grad, Gas Stufe 3 vorheizen. → Gouda fein reiben. Kräuter abspülen, trockentupfen und fein hacken. Geriebenen Käse, Frischkäse, Eigelb, Kräuter und abgekühlte Pilzmischung verrühren. Mit Jodsalz, Pfeffer und Zitronensaft abschmecken. Käsecreme in die Pilze füllen und die Pilze etwa 12 Minuten backen.

Dazu: Vollkornreis und Salat

Fertig in: 30 Minuten

Übrigens So kommen die Löcher in manche Käsesorten: Bei der Reifung wird Milchzucker in Milchsäure umgewandelt. Dabei entsteht Kohlensäuregas, das nicht aus dem Käseteig entweichen kann und so die Löcher im Käselaib entstehen läßt.

GOUDA-KÄSE ist der beliebteste holländische Käse. Er wird in verschiedenen Reifestufen angeboten. Die Reifung ist das kontrollierte Älterwerden des jungen Käses im Käselager. Dabei verändern sich Aussehen und Geschmack: Junger Gouda (Reifezeit 4 bis 8 Wochen) schmeckt sahnig-mild und eignet sich bestens für Käsesalate oder -würfel. Die meisten Kinder mögen ihn sehr. Mittelalter Gouda (Reifezeit 2 bis 6 Monate) ist ein herzhafter Käse zum Überbacken und Gratinieren. Pikantje von Gouda (garantierte Reifezeit 4 Monate) ist an dem rot-weiß-blauen Etikett zu erkennen, schmeckt herzhaft-pikant und paßt in alle warmen Käsegerichte. Alter Gouda (Mindestreifezeit 8 Monate) ist eine Spezialität: Er schmeckt kräftig-würzig und bröckelt leicht bis stark, je nach Reife. Je länger die Reifezeit (bis zu 36 Monaten), desto intensiver wird der Geschmack.

Kressequark mit Ei

Blitzrezept

FÜR 2 PORTIONEN
3–4 frische Eier,
Quark: *200 g körniger Frischkäse,*
250 g Speisequark (20 %),
2 Eßl. Weizenkeimöl, Jodsalz,
frisch gemahlener Pfeffer;
50 g Lachskaviar, 1 Päckchen Kresse.

Eier mit dem Eierpiker (oder einer Stecknadel) am stumpfen Ende anstechen, damit die Schale beim Kochen nicht platzt. Wasser in einem kleinen Topf zugedeckt bei mittlerer Hitze aufkochen. Deckel abnehmen. Eier auf einen Löffel legen und vorsichtig ins Kochwasser gleiten lassen. Nachdem das Wasser wieder aufkocht, Eier im offenen Topf sechs Minuten kochen: Dann sind sie wachsweich. Eier abgießen und kalt abspülen, damit der Garvorgang unterbrochen wird; sie lassen sich so besser schälen.

Quark: → Frischkäse, Quark und → Weizenkeimöl verrühren, mit Jodsalz und Pfeffer abschmecken. Geschälte Eier, Quark und Kaviar (→ Seite 55) auf einer Platte anrichten. Kresse mit einer Schere vom Beet abschneiden und darüberstreuen.

Dazu: Pellkartoffeln

Fertig in: 15 Minuten

TIP: Weichgekochte Eier haben ab Kochzeitpunkt des Wassers eine Garzeit von vier Minuten, hartgekochte von acht Minuten.

KÖRNIGER FRISCHKÄSE oder Hüttenkäse ist sehr eiweißreich und dabei fettarm (10 oder 20 % Fett i.Tr. = 3 bzw. 6 g Fett/100 g). Der grobkörnige Käse aus Quark, Sahne und Salz kommt ursprünglich aus den USA und heißt dort Cottage cheese.

WEIZENKEIMÖL, aus Weizenkeimen gepreßt, schmeckt mild nach Getreide. Es enthält von allen Speiseölen am meisten Vitamin E (Tocopherole). Dieses Vitamin schützt mehrfach ungesättigte Fettsäuren und auch das Vitamin A in unserem Körper vor Zerstörung durch Sauerstoff (freie Radikale). Kaufen Sie kaltgepreßtes, nicht raffiniertes Weizenkeimöl und achten Sie dabei auf das Mindesthaltbarkeitsdatum (MHD → Seite 8).

*Panierter Schafkäse mit Tomaten*ˣ

Schnell

FÜR 2 PORTIONEN

Tomaten: *2 große Fleischtomaten, 1 Teel. Akazien-Honig, 1 Eßl. Zitronensaft, Jodsalz, 2 Eßl. Olivenöl, grob geschroteter schwarzer Pfeffer;*
Käse: *250 g Feta-Schafkäse, 1 Eßl. Mehl, 6 Blätter Salbei oder Minze, 1 Ei, 4 Eßl. Semmelbrösel, 2 Eßl. geriebener Parmesankäse, 2–3 Eßl. Olivenöl; 40 g grüne Oliven.*

Tomaten: Tomaten abspülen, trockentupfen und die Stielansätze herausschneiden. Tomaten in dicke Scheiben schneiden und auf zwei Teller verteilen. Honig, Zitronensaft und Jodsalz verrühren und über die Tomaten träufeln. Olivenöl und geschroteten Pfeffer kurz vor dem Servieren über die Tomaten geben (sonst schwimmen sie in einer Öllache).

Käse: Schafkäse in Scheiben schneiden und mit Mehl bestäuben. Salbei- oder Minzeblätter in feine Streifen schneiden und mit dem Ei verrühren. Semmelbrösel und Parmesankäse (→ Seite 34) vermischen und auf einen flachen Teller geben. Schafkäse zuerst in der Eimischung, dann in der Käse-Brösel-Mischung wenden. Öl in einer großen Pfanne bei mittlerer Hitze erhitzen. Schafkäse hineingeben und von jeder Seite in etwa vier Minuten goldbraun braten. Eventuell auf Küchenkrepp abtropfen. Schafkäse mit Tomaten und Oliven anrichten.

Dazu: Bauern- oder Fladenbrot

Fertig in: 20 Minuten

TIP: Feta-Käse, kann – eingelegt in Salzlake, Öl, Wein oder Essig – weiterreifen und ist gekühlt wochenlang haltbar.

„FETT I. TR." ist das Kürzel für „Fett in der Trockenmasse" bei Käse und gibt an, wieviel Prozent Fett in der Trockenmasse ist – nicht im „ganzen" Käse. Diese Angabe ist in Deutschland und in fast allen europäischen Ländern Pflicht. Der Grund für die etwas komplizierte Kennzeichnung: Hart-, Schnitt-, Weich- oder Frischkäse haben unterschiedlich lange Reifezeiten. Während der Reife verliert Käse an Feuchtigkeit: Wasser verdunstet. Der Anteil der Trockenmasse (Fett, Eiweiß, Mineralstoffe) bleibt aber gleich. Deshalb bezieht sich die Angabe des Fettgehalts immer auf die stabile Trockenmasse. Wer wissen will, wieviel Gramm Fett nun wirklich im Käse ist, muß ein wenig rechnen:

Hartkäse:	**Fett i.Tr. x 0,7**
Schnittkäse:	**Fett i.Tr. x 0,6**
Weichkäse:	**Fett i.Tr. x 0,5**
Frischkäse:	**Fett i.Tr. x 0,3**

Beispiel: Gouda-Käse (Schnittkäse, → Foto links) mit 50 % Fett i.Tr. (50 x 0,7) enthält etwa 35 g Fett pro 100 g Käse. Brie (Weichkäse, → Foto rechts) mit 50 % Fett i.Tr. (50 x 0,5) enthält etwa 25 g Fett pro 100 g Käse.

Hartkäse sind z. B. Emmentaler, Greyerzer, Parmesan, Pecorino, Bergkäse, Cheddar.
Schnittkäse: Tilsiter, Gouda, Edamer, Butterkäse etc.
Weichkäse: Camenbert, Brie, Romadur, Munster.
Frischkäse sind fast alle weißen cremigen Käse von Cottage cheese bis Quark.

Käse ist also nicht so fett, wie es auf den ersten Blick scheint. Trotzdem sollten Sie auf den Fettgehalt achten.

OLIVEN sind die Früchte des immergrünen Olivenbaums, der im gemäßigt warmen, subtropischen Klima der Mittelmeerländer wächst. Die Färbung der Oliven ist abhängig von Sorte und Reifegrad. Grüne Oliven wurden unreif gepflückt, große Exemplare werden häufig gefüllt angeboten. Schwarze, rötliche (→ Foto) oder violette Oliven sind vollreife Früchte. Nach der Ernte werden Oliven in Salzlake eingelegt, um sie haltbar zu machen. Danach werden die Oliven mit der Lake in Gläser gefüllt oder getrocknet und in Olivenöl eingelegt. Lose Oliven sind probiotisch, d.h. sie gehören zur Gruppe der gesunden, fermentierten, milchsauren Lebensmittel wie Sauerkraut oder Mixed Pickles (→ Seite 149).

Köstliches aus Fleisch & Fisch

Wir wissen zwar inzwischen, daß Fleisch – aus vielen Gründen – nicht mehr Hauptbestandteil unserer Nahrung sein sollte. Aber deshalb müssen wir keineswegs ganz darauf verzichten. Und auf den Jodlieferanten Fisch schon gar nicht. Es muß ja nicht jeden Tag Fleisch auf den Tisch kommen. Aber Sie werden sehen: Bei diesen Rezepten aus aller Welt läuft Ihnen schon beim Lesen das Wasser im Mund zusammen.

GRUNDREZEPT

Frikadellen vom Blech

Für die Party

FÜR CA. 40 STÜCK

2 Brötchen vom Vortag, 2–3 Zwiebeln,
1 Eßl. Öl für die Fettpfanne,
500 g gemischtes Hackfleisch,
500 g ungewürztes Schweinemett,
2 Eßl. Magerquark, 2 Eier,
2 Teel. scharfer Senf,
1 gehäufter Eßl. Tomatenmark,
Jodsalz, frisch gemahlener Pfeffer,
1 Eßl. getrockneter Oregano
(oder italienische Kräutermischung).

Brötchen zehn Minuten in kaltem Wasser einweichen. Zwiebeln abziehen und fein würfeln. Brötchen ausdrücken (→ Foto 1). Fettpfanne mit Öl ausstreichen. Hackfleisch, Mett, Brötchen, Zwiebeln, Quark, Eier, Senf, Tomatenmark, Jodsalz, Pfeffer und Oregano in eine große Schüssel geben (→ Foto 2) und mit den Händen zu einem glatten Teig verkneten. Kräftig nachwürzen. Backofen auf 250 Grad, Umluft 220 Grad, Gas Stufe 5 vorheizen. Jeweils etwa einen großen Eßlöffel Fleischteig mit nassen Händen zu kleinen Bällchen formen und auf die Fettpfanne legen. Im Backofen etwa 20 Minuten braten.

Fertig in: 50 Minuten

TIP: Frikadellen können Sie natürlich auch in der Bratpfanne zubereiten. Für vier Portionen brauchen Sie die Hälfte des Grundrezeptes. Aus dem Hackteig acht große Frikadellen formen. Butterschmalz oder Öl in einer großen Pfanne erhitzen. Frikadellen hineinlegen und bei mittlerer Hitze in etwa vier bis fünf Minuten von jeder Seite braun braten.

1

2

Frikadellen-Variationen:
Das Grundrezept können Sie vielfach abwandeln. Für 40 kleine Frikadellen geben Sie die folgende Mengen zu, für acht große Frikadellen nehmen Sie jeweils die Hälfte:

- 2 Bund gehackte glatte Petersilie, einen Teelöffel abgeriebene Zitronenschale und Kumin (Kreuzkümmel);
- 100 g grob geraffelter Hartkäse wie alter Gouda-, Parmesan- oder Emmentaler-Käse;
- 150 g grob zerbröckelter Schafkäse und drei zerdrückte Knoblauchzehen;
- 4 Eßl. Kokosraspel, 1 Eßl. süß-scharfe Chilisoße und 1–2 Eßl. Currypulver;
- 100 g eingeweichte und abgetropfte Rosinen, Chilipulver und 2–3 Eßl. Mango-Chutney;
- 100 g abgetropfte Kapern, gehackte Oliven oder getrocknete Tomaten.

TIP: Ganz schnell geht das Bestreichen der Frikadellen mit Tomatenketchup, fertiger Barbecue-Soße, Chilisoße, Sojasoße oder körnigem Senf.

HACKFLEISCH darf nur am Tag der Herstellung verkauft werden, denn durch seine große Oberfläche ist das durch den Fleischwolf gedrehte Fleisch ein idealer Nährboden für Mikroorganismen. Darum sollten Sie Hackfleisch immer erst kaufen, wenn Sie es sofort aufbrauchen. Nicht länger als einen halben Tag im Kühlschrank aufbewahren! Kurzes Anbraten verlängert die Haltbarkeit nicht, sondern fördert im Gegenteil das Mikrobenwachstum. Hackfleisch deshalb immer durchbraten, auch beim Aufwärmen. Achten Sie bei verpacktem Hackfleisch auf das Haltbarkeitsdatum. Es muß lauten: „Verbrauchen bis spätestens ...". Tiefgekühltes Hackfleisch immer im Kühlschrank auftauen lassen und mindestens 15 Minuten bei großer Hitze durchgaren.
Hackfleischsorten unterscheiden sich durch ihren Fettgehalt: Gemischtes Hackfleisch (zur Hälfte aus Rind- und Schweinefleisch) hat einen Fettanteil von höchstens 30 Prozent. Reines Rinderhackfleisch enthält 20 Prozent Fett. Mit höchstens 6 Prozent Fett ist Tatar (Beefsteakhack, Schabefleisch) das magerste Hack. Grobes oder feines Mett vom Schwein hat einen Fettgehalt von 30 bis 35 Prozent. Hackepeter oder Thüringer Mett ist mit Salz, Gewürzen und Zwiebeln gewürztes Schweinemett.

Orientalischer Hackauflauf

Ganz einfach

FÜR 6 PORTIONEN

2 Porreestangen, 1 kg Möhren, 300 g rote Zwiebeln, Jodsalz, 800 g ungewürztes Schweinemett, 3 Knoblauchzehen, 1 Teel. Kumin (Kreuzkümmel), 1 Teel. Edelsüß-Paprika, 3 Eßl. Chilisoße, 150 g getrocknete Datteln oder Rosinen, 1 Dose Linsen (850 g), je 1 Bund glatte Petersilie und Kerbel, 200 g Schafkäse, 4 Eier, 200 g Crème fraîche, 2 Eßl. Sesamsaat.

DATTELN kommen überwiegend aus Israel und haben bei uns im Winter Hauptsaison. Mit fettarmem Frischkäse oder mit Roquefort-Käse gefüllte Datteln sind ein gesunder Fitneß-Snack für zwischendurch. Datteln enthalten viel Eisen, Kalium und Vitamin C.

Vom Porree die welken Blätter entfernen, Wurzelenden abschneiden. Stangen in Ringe schneiden. Porreeringe in einer Schüssel gründlich waschen und auf einem Sieb abtropfen lassen. Möhren schälen und in 4 cm große Stücke schneiden. Zwiebeln abziehen und vierteln. Möhren in siedendem Salzwasser drei Minuten kochen. Porree und Zwiebeln zugeben und eine weitere Minute kochen. Gemüse kalt abspülen und abtropfen lassen. Schweinemett in einer großen beschichteten Pfanne anbraten, dabei mit einer Gabel zerkrümeln. Knoblauch schälen, zerdrücken und dazugeben. Hackfleisch mit Kumin, Paprika und Chilisoße verrühren und mit Jodsalz abschmecken. Backofen auf 225 Grad, Umluft 200 Grad, Gas Stufe 4 vorheizen. Datteln kleinschneiden, Linsen abtropfen lassen. Beides zum Hack geben. Hackmischung in eine tiefe Kasserolle oder ofenfeste Form (Inhalt 3 Liter) geben und mit Möhren, Porree und Zwiebeln bedecken. Petersilie und Kerbel abspülen, trockentupfen und fein hacken. Schafkäse zerbröckeln. Petersilie, Kerbel, Schafkäse, Eier, Crème fraîche, Sesamsaat und einen halben Teelöffel Jodsalz verrühren und über den Auflauf geben. Im Backofen auf der untersten Schiene etwa 45 Minuten backen. Eventuell nach 20 Minuten mit Pergamentpapier abdecken, damit der Auflauf nicht zu braun wird.

Dazu: Naturreis und Natur-Joghurt

Fertig in: 1 Stunde 30 Minuten

Pilztopf mit Hackröllchen

Für Gäste

FÜR **6** PORTIONEN

Hackröllchen: *20 g getrocknete Steinpilze, 5 Scheiben Vollkorntoastbrot, 2 Bund Schnittlauch, 1 kg gemischtes Hackfleisch, 3 Eier, 75 g Kräuterfrischkäse, Jodsalz, frisch gemahlener Pfeffer, 1 Teel. getrockneter Thymian; Butterschmalz zum Braten;*

Pilztopf: *1 kg Kartoffeln,*
1 kg rosa Champignons,
750 g Zwiebeln, 20 g Butter,
3/8 l Steinpilz-Hefebrühe (Reformhaus) oder Hühnerbrühe (Instant),
1/4 l Weißwein oder Brühe,
Jodsalz, frisch gemahlener Pfeffer,
1–2 Eßl. Crème fraîche.

Hackröllchen: Getrocknete Steinpilze etwa zehn Minuten in 100 ml heißem Wasser einweichen. Herausnehmen und fein hacken. Einweichflüssigkeit durch ein Haarsieb gießen und zur Seite stellen. Toastbrot in kaltem Wasser einweichen. Schnittlauch abspülen, trockentupfen und in feine Ringe schneiden. Brot aus dem Wasser nehmen und ausdrücken. Hackfleisch, Brot, Steinpilze, Schnittlauch, Eier und Kräuter-Frischkäse mit den Händen zu einem glatten Hackteig verarbeiten und mit Jodsalz, Pfeffer und Thymian abschmecken. Hackfleisch mit nassen Händen zu kleinen Röllchen formen und in einer großen Pfanne in heißem Butterschmalz von jeder Seite braun anbraten. Röllchen herausnehmen.

Pilztopf: Kartoffeln schälen und würfeln. Backofen auf 200 Grad, Umluft 170 Grad, Gas Stufe 2 vorheizen. Champignons putzen, große Exemplare halbieren. Zwiebeln abziehen, fein würfeln und in der Fleischpfanne unter Rühren in Butter andünsten. Einweichflüssigkeit (von den Steinpilzen), Brühe und Wein zugeben und einmal aufkochen. Mit Jodsalz, Pfeffer und Crème fraîche abschmecken. Kartoffeln, Pilze und Fleischröllchen in einen großen ofenfesten Schmortopf schichten, mit der Brühe begießen und den Topf fest verschließen. Im Backofen auf der untersten Schiene oder auf dem Backofenboden etwa eine Stunde schmoren lassen.

Dazu: Bandnudeln

Fertig in: 2 Stunden

Kasseler-Braten mit provenzalischem Gemüse

Für Gäste

FÜR 6 BIS 8 PORTIONEN

1,6 kg Kasselerrücken (-kotelett) ohne Knochen,
5 Scheiben Toastbrot, 1/2 Bund Thymian, 1 kleiner Zweig Rosmarin,
1 Bund glatte Petersilie, 2–3 Knoblauchzehen, 2 Eßl. körniger Senf,
1 Ei, 5–6 Eßl. Olivenöl, frisch gemahlener Pfeffer, 1 kg Kartoffeln,
2 Lorbeerblätter, Jodsalz, 400 g rosa Champignons,
2–3 rote Paprikaschoten, 2 mittelgroße Zucchini.

Kasseler-Braten auf die Arbeitsplatte legen und auf der oberen Seite der Länge nach 4 cm tief einschneiden. Die Rinde vom Toastbrot abschneiden. Restliches Brot fein zerbröseln. Backofen auf 150 Grad, Umluft 125 Grad, Gas Stufe 1–2 vorheizen. Thymianblättchen von den Stielen zupfen, Rosmarinnadeln abstreifen; beides fein hacken. Petersilie abspülen, trockentupfen und fein hacken. Knoblauch abziehen und zerdrücken. Knoblauch und Kräuter vermischen. Die Hälfte der Kräutermischung abnehmen und für später beiseite stellen. Restliche Kräuter, Brot, Senf, Ei und zwei bis drei Eßlöffel Olivenöl zu einer Paste verrühren, mit Pfeffer würzen. Die Kräuterpaste in den Einschnitt des Bratens streichen und das Fleisch mit Küchengarn zusammenbinden (→ Fotos Seite 101). In die Fettpfanne des Backofens legen und im Backofen etwa 20 Minuten braten. Inzwischen Kartoffeln schälen, abspülen und in Scheiben schneiden. Kartoffelscheiben mit Lorbeerblättern und zwei Eßlöffel Öl vermischen und zum Fleisch in die Fettpfanne geben. Etwas salzen und alles 40 Minuten weiterbraten. Jetzt das Gemüse putzen: Champignons trocken abreiben, Stielenden dünn abschneiden, große Exemplare halbieren. Paprikaschoten abspülen, halbieren, entkernen und in Stücke schneiden. Von den Zucchini die Stielenden abschneiden. Zucchini halbieren und in Scheiben schneiden. Gemüse mit restlichem Öl und restlicher Kräutermischung vermischen und mit Jodsalz und Pfeffer würzen. Fettpfanne aus dem Backofen heben und auf eine hitzebeständige Unterlage stellen. Gemüse mit den Kartoffeln in der Fettpfanne vermischen. Nun das Ganze wieder in den Backofen schieben und weitere 20 Minuten braten. Braten aus dem Ofen nehmen und zehn Minuten ruhen lassen, damit sich der Fleischsaft gleichmäßig im Braten verteilt. Währenddessen das Küchengarn mit einer Schere durchschneiden und entfernen. Fleisch quer zur Faser in Scheiben schneiden und mit dem Gemüse servieren.

Dazu: Kräftiges Landbrot und schwarze Oliven

Fertig in: 2 Stunden

TIP: Wer keine frischen Kräuter bekommt, nimmt zwei Päckchen Kräuter der Provence aus der Tiefkühltruhe oder einen Eßlöffel getrocknete Kräuter der Provence und ein Bund glatte Petersilie.

KRÄUTER DER PROVENCE (Herbes de Provence) – das ist eine aromatische Kräutermischung aus Südfrankreich. Sie besteht – getrocknet oder tiefgekühlt – aus Salbei, Bohnenkraut, wenig Fenchel, Lorbeer, Majoran, Rosmarin, Thymian und manchmal auch Lavendel.

KASSELER oder Kasseler Rippenspeer ist das gepökelte und geräucherte Rippen (Kotelett)-stück vom Schwein, das im Stück oder als Scheibe angeboten wird. Durch das Pökeln mit Nitritpökelsalz entsteht das typische Aroma, die rote Fleischfarbe wird stabilisiert und das Fleisch haltbar gemacht. Gepökeltes nicht zusätzlich salzen. Nitritpökelsalz wird heute in wesentlich kleineren Mengen verarbeitet als früher. Dennoch können sich bei hohen Gartemperaturen Nitrit und Fleisch-Eiweiß zu krebsauslösenden Nitrosaminen zusammenfügen. Um das zu verhindern, essen Sie Vitamin-C-reiche Salate oder Gemüse dazu oder trinken ganz einfach ein Glas Orangensaft. Das stoppt die Nitrosaminbildung. Trotzdem sollten Sie gepökelte Lebensmittel besser nicht grillen.

DRESSIEREN nennt der Kochprofi, wenn Rollbraten, Braten mit Füllung oder ungleichmäßig geformte Bratenstücke oder Geflügel durch Binden in Form gebracht werden. Gut geformt braten und bräunen die Fleischteile gleichmäßig und lassen sich nach dem Braten auch besser aufschneiden. Küchengarn bekommt man in Haushaltsabteilungen und auch oft beim Gewürzhändler. So wird's gemacht:

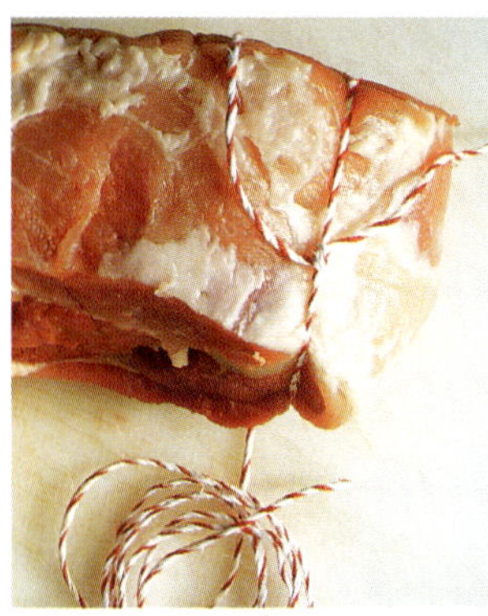

Braten auf die Arbeitsplatte legen. Küchengarn an einem Ende einmal um den Braten legen und so verknoten, daß ein kurzes und ein langes Bandende entsteht. Das kurze Bandende nach oben legen. Das lange Band etwa 2 cm zur Mitte hin auf den Braten legen. Band von rechts, unter dem Braten durch, nach links holen.

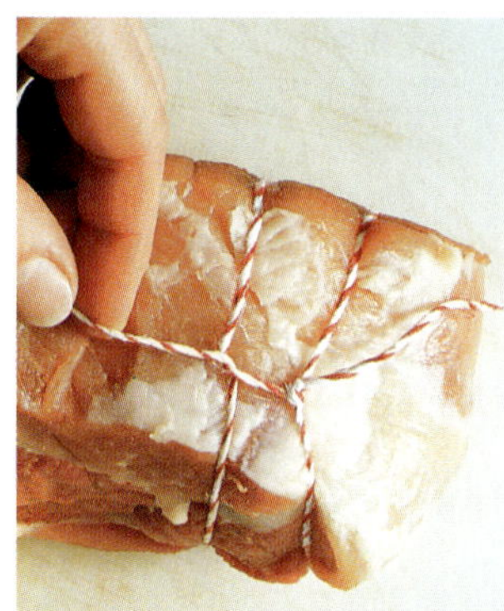

Das lange Band durch die auf dem Braten liegende Schlaufe führen und nach unten festziehen. So weiterarbeiten, bis der Braten verschnürt ist. Zum Schluß beide Bandenden jeweils oben und unten mit dem Netz verknoten.

Übrigens Kasseler Rippenspeer ist keine hessische Spezialität. Es wurde nämlich nicht in Kassel „erfunden", sondern von Fleischermeister Cassel in Berlin. In Süddeutschland und in Österreich nennt man gepökeltes und geräuchertes Schweinefleisch Selchfleisch oder Geselchtes.

LIMETTEN sind kleine gelbgrüne, fast kernlose Zitrusfrüchte. Ihr Fruchtfleisch ist viel aromatischer und saftiger als das von Zitronen, außerdem ist die Limettenschale immer unbehandelt und kann unbesorgt verwendet werden.

Geschnetzeltes in Limettensoße

Zum Vorbereiten

FÜR 2 PORTIONEN
300 g Schnitzelfleisch, 1 Zucchino (250 g), 1/2 frische rote Chilischote (ersatzweise getrocknete oder Cayennepfeffer), 1 Teel. Speisestärke, 1/2 Bund glatte Petersilie, 2 Teel. Butterschmalz, 1/4 l Gemüsebrühe (Instant), Saft von 1 1/2 Limetten, 1 Teel. mildes Currypulver, 1–2 Teel. salzige Sojasoße, 3 Eßl. Crème fraîche, evtl. heller Soßenbinder, Zucker, Schale von 1/2 Limette.

Schnitzelfleisch kalt abspülen, trockentupfen, in dünne Scheiben schneiden und quer zur Faser in 1 cm dünne Streifen schneiden. Zucchino abspülen, den Stielansatz entfernen, Zucchino in dünne Scheiben schneiden. Chilischote halbieren, entkernen und in feine Ringe schneiden (wegen der Schärfe mit Gummihandschuhen arbeiten). Fleisch und Speisestärke vermischen. Petersilie abspülen, trockentupfen und fein hacken. Butterschmalz in einer großen Pfanne erhitzen. Fleisch dazugeben und unter Rühren etwa eine Minute kräftig anbraten. Zucchino und Chili zugeben und kurz mitbraten. Alles aus der Pfanne nehmen und warm stellen. Brühe, Limettensaft, Curry, Sojasoße und Crème fraîche in der Pfanne aufkochen lassen. Eventuell mit Soßenbinder binden. Mit Sojasoße, einer Prise Zucker und abgeriebener Limettenschale abschmecken. Fleisch und Gemüse wieder in die Pfanne geben, kurz erwärmen und mit Petersilie bestreuen.

Dazu: Chinesische Eiernudeln

Fertig in: 35 Minuten

TIP: Wenn man das Geschnetzelte vor dem Braten mit Speisestärke vermengt, wird es besonders zart. Dieser Trick stammt ursprünglich aus der chinesischen Küche.

Rindfleischröllchen mit Lauchzwiebeln

Indonesisch

Für 4 Portionen

2 Bund Lauchzwiebeln, 100 g Champignons, 1 gehäufter Eßl. Mehl, 1 frische rote Chilischote, 12 sehr dünne Scheiben Rumpsteak à 25 g, 1–2 Teel. Sambal manis, 4 Eßl. Öl, 200 ml Rindfleischbrühe (Instant), 1/2 Bund Koriander, 2–3 Teel. Sesamöl, süße Sojasoße.

Von den Lauchzwiebeln die Wurzelansätze abschneiden und, wenn nötig, welke Blätter abziehen, waschen und trockentupfen. Champignons putzen und in Scheiben schneiden. Zwei Eßlöffel Wasser mit dem Mehl zu einem dicken Brei verrühren. Chilischote halbieren, entkernen und in Ringe schneiden (wegen der Schärfe mit Gummihandschuhen arbeiten). Von den Fleischscheiben den Fettrand abschneiden. Fleischscheiben nebeneinander auf die Arbeitsplatte legen und mit → Sambal manis bestreichen. Lauchzwiebeln quer auf die Fleischscheiben legen, dabei an jeder Seite etwa 2 cm überstehen lassen. Je einen Champignon in die Mitte geben. Fleischscheiben aufrollen. Das Ende jeder Scheibe mit etwas Mehlbrei bestreichen und am Röllchen festdrücken. Zwei Eßlöffel Öl in einer großen Pfanne erhitzen und sechs Röllchen nebeneinander in die Pfanne legen. Fleischröllchen rundherum etwa fünf Minuten braten. Röllchen herausnehmen und warm stellen. → Bratfett abgießen. Restliches Öl erhitzen und die restlichen Röllchen genauso braten. Herausnehmen und ebenfalls warm stellen. Chiliringe und Rinderbrühe in die Pfanne geben, dabei den Bratensatz loskochen und alles aufkochen lassen. Korianderblättchen abzupfen und dazugeben. Die Soße mit Sesamöl und Sojasoße abschmecken und heiß über die Röllchen geben.

BRATFETT nicht in den Abfluß gießen, sondern abkühlen lassen, z. B. in einem Marmeladenglas, und dann in den Hausmüll werfen.

Fertig in: 45 Minuten

Variationen: Statt Rumpsteak können Sie auch preiswertes Beefsteak nehmen, wenn Sie es vom Fleischer auf der Aufschnittmaschine in dünne Scheiben schneiden lassen. Gut schmecken die Röllchen auch aus Putenfleisch.

Dazu: Mariniertes Gemüse

1 Salatgurke waschen, längs halbieren und in Scheiben schneiden. 200 g Möhren schälen und in kleine Würfel schneiden. 3 Stangen Staudensellerie abspülen, trockentupfen, schälen und in Ringe schneiden, Blätter fein hacken. Gemüse mit 2 Teel. Jodsalz vermischen und abgedeckt mindestens 2 Stunden stehen lassen. Auf einem Sieb abtropfen lassen. 4 Eßl. Reis- oder Weißwein-Essig, 2 Eßl. Zucker und 1 Eßl. Sesamöl zu einer Soße verrühren, über das Gemüse gießen und noch 30 Minuten durchziehen lassen.

SAMBALS sind Würzpasten aus gerösteten Chilischoten, Zwiebeln und anderen Gewürzen, die als Dip, Soße oder Würzbeilage auf keiner indonesischen Reistafel fehlen. Sambals sind mild- bis höllisch-scharf: Sambal badjak (mit Krabbenpaste), Sambal oelek (scharf), Sambal manis (süßlich) oder Sambal nasi goreng (mit Zwiebeln). Bei uns gibt es sie tafelfertig in Gläsern.

Pfeffer-Lammkoteletts mit Petersilien-Dip

Griechisch

FÜR 3 PORTIONEN

Petersilien-Dip: *1 Bund Petersilie, 5 Eßl. Olivenöl, 2 Eßl. Zitronensaft, 1 Eßl. Lemon curd oder Zitronenmarmelade, Jodsalz, frisch gemahlener Pfeffer;*
Fleisch: *6 Lammstielkoteletts à 60 g, 1/2 Bund Oregano, 1 Teel. schwarze Pfefferkörner, 3 Pimentkörner; 2 Eßl. Öl zum Braten, Jodsalz, 1/2 unbehandelte Zitrone.*

Petersilien-Dip: Petersilie abspülen, trockentupfen und grob hacken. Petersilie, Öl, Zitronensaft und Lemon curd verrühren und mit Jodsalz und Pfeffer abschmecken.

Fleisch: Koteletts mit Küchenkrepp trockentupfen. Den Fettrand mit einem spitzen Messer mehrmals einschneiden, damit das Fleisch sich beim Braten nicht wölbt. Oregano abspülen, trockentupfen und fein hacken. Pfeffer- und Pimentkörner im Mörser grob zerstoßen. Pfeffermischung und Oregano auf einem Teller vermischen. Koteletts darin wälzen, die Pfeffermischung fest andrücken. Öl in einer großen Pfanne erhitzen und die Lammkoteletts von jeder Seite etwa drei Minuten braten. Mit Jodsalz würzen und mit dem Dip und Zitronenspalten servieren.

Dazu: Fladenbrot oder Bauernbrot

Fertig in: 30 Minuten

Richtig „dufte" schmecken selbstgemachte Pfeffermischungen: weißer Pfeffer und getrocknete Steinpize (1), weißer Pfeffer und getrockneter Rosmarin (2), bunter Pfeffer und Kräuter der Provence (3), weißer Pfeffer, Senfkörner und Korianderkörner (4), weißer Pfeffer, Nelkenköpfe und zerkleinerte Lorbeerblätter (5).

PFEFFER, ob schwarz, weiß oder grün, stammt von der tropischen Kletterpflanze piper nigrum. Nur Erntezeitpunkt und Verarbeitung unterscheiden sich: Grün und unreif sind die Pfefferbeeren, wenn sie für schwarzen Pfeffer gepflückt, dann vergoren und in der Sonne getrocknet werden, bis die Haut schwarz und runzelig ist. Für grünen Pfeffer werden die unreifen Beeren in Salzlake konserviert oder in Spezialverfahren getrocknet, manchmal auch gefriergetrocknet. Vollreife rote Beeren sind die Grundlage für weißen Pfeffer, der vergoren, von Haut und Fruchtfleisch befreit und in der Sonne getrocknet wird. Roter Pfeffer gehört nicht zur Familie. Er schmeckt zwar leicht pfeffrig, stammt aber von einer Baumfrucht. Eine Pfeffermühle sollte zur Küchengrundausstattung gehören, denn nur frisch gemahlener Pfeffer kann das ganze Aroma bieten, das das Pfefferkorn gespeichert hat. Dann schmeckt man die Unterschiede auch deutlich: Schwarzer Pfeffer ist würzig und brennend scharf, weißer ist merklich milder. Grüner, getrockneter Pfeffer hat das meiste Aroma.

Piccata alla milanese (Kalbsschnitzel auf Spaghetti)

Einfach

FÜR 2 PORTIONEN

Tomatensoße und Nudeln:
2 kleine Zwiebeln, 2 Knoblauchzehen, 1 Eßl. Olivenöl, 1 gehäufter Eßl. Tomatenmark, 1/2 Teel. getrockneter Rosmarin, 1 Packung Tomatenstückchen (370 g), 1 Eßl. Weißwein-Essig, Jodsalz, frisch gemahlener Pfeffer, Zucker; 200 g Spaghetti, Jodsalz;
Schnitzel: *2 dünne Kalbsschnitzel à 150 g, Jodsalz, frisch gemahlener Pfeffer, 2 Eßl. Mehl, 1 Ei, 3 Eßl. Semmelbrösel, 3–4 Eßl. geriebener Parmesankäse; 1–2 Eßl. Butterschmalz, 1/2 Bund Basilikum, 1/2 unbehandelte Zitrone zum Garnieren.*

Tomatensoße: Zwiebeln und Knoblauch abziehen und in feine Würfel schneiden. Beides in heißem Olivenöl in einer mittelgroßen Pfanne glasig dünsten. Tomatenmark, Rosmarin, Tomatenstückchen mit Flüssigkeit und Essig zugeben und bei kleiner Hitze etwa fünf Minuten kochen. Soße mit Jodsalz, Pfeffer und ein bis zwei Prisen Zucker abschmecken. Spaghetti nach Packungsanweisung in reichlich kochendem Salzwasser bißfest kochen. **Schnitzel:** Fleischscheiben salzen und pfeffern. Drei Teller bereitstellen. Auf dem ersten Teller Mehl verteilen, auf dem zweiten Ei verquirlen und auf dem dritten Semmelbrösel und zwei Eßlöffel geriebenen Parmesankäse mischen. Die gewürzten Schnitzel zuerst in Mehl wenden (→ Foto 1), überschüssiges Mehl abklopfen, dann im Ei (→ Foto 2) und zuletzt in den Semmelbröseln wenden (→ Foto 3). → Butterschmalz in einer großen Pfanne erhitzen und die Schnitzel darin von jeder Seite zwei bis drei Minuten braten. Basilikum abspülen, trockentupfen und – bis auf ein paar Blättchen zum Garnieren – in feine Streifen schneiden. In die heiße Tomatensoße rühren. Spaghetti, Schnitzel und Tomatensoße auf vorgewärmten Tellern anrichten, mit den restlichen Basilikumblättchen und Zitronenspalten garnieren. Mit dem restlichen Parmesan bestreuen.

Fertig in: 30 Minuten

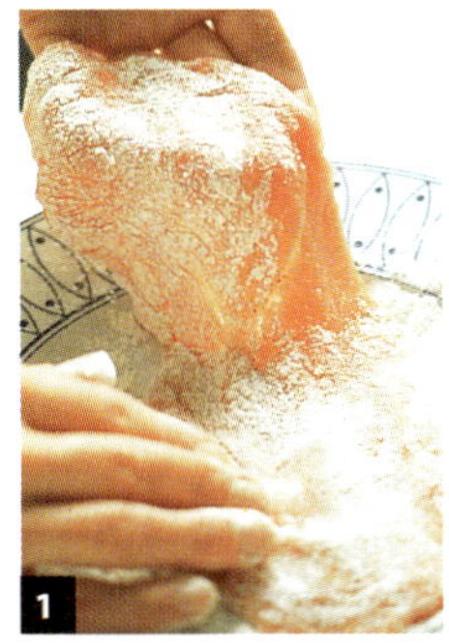

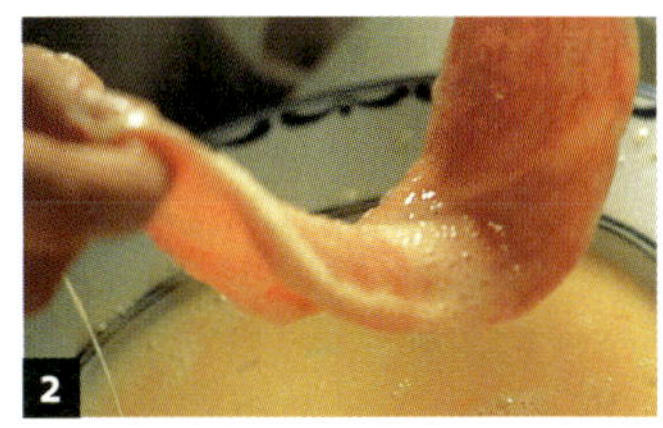

BUTTERSCHMALZ
ist ideal zum Braten, Fritieren und Backen. Es schmeckt kräftig nach Butter, spritzt nicht beim Braten und ist im Kühlschrank bis zu einem Jahr haltbar. Butterschmalz ist hoch erhitzbar, ohne zu verbrennen. Es enthält keine Konservierungsstoffe.

Puten-Speck-Röllchen

Für Gäste

FÜR 4 PORTIONEN

700 g Putenbrust, 2 Eßl. Tomatenketchup, 2 Eßl. Olivenöl, Jodsalz, ca. 100 g Frühstücksspeck (Bacon), 1/2 Teel. grober Pfeffer, je 1 Topf Thymian und Oregano, 1 kleiner Zweig Lorbeer, Fett für die Form.

PUTE und Truthahn sind die Schwergewichte beim Geflügel, aber trotzdem Leichtgewichte in puncto Kalorien. Wie Hähnchenbrust enthält Putenbrust nur ein Prozent Fett. Das Angebot an Putenfleisch ist groß. Es gibt Ober- und Unterkeulen, Flügel, Brust, Schnitzel, Rollbraten und Gulasch. Nur „junge Puten" mit drei bis sechs Kilo Bratgewicht werden im Ganzen angeboten.

Fleisch kalt abspülen, trockentupfen und in etwa 3 cm breite und 6 cm lange Streifen schneiden. Ketchup mit einem Eßlöffel Öl verrühren. Fleisch etwas salzen und von allen Seiten mit der Ketchupmischung bepinseln. Backofen auf 225 Grad, Umluft 200 Grad, Gas Stufe 4 vorheizen. Speckstreifen flach auf die Arbeitsplatte legen und mit Pfeffer bestreuen. Kräuter abschneiden, abspülen und trockentupfen. Fleischstreifen und Kräuter auf die Speckstreifen legen und zu Röllchen aufrollen, eventuell mit Holzspießchen feststecken. Fleischröllchen in eine ofenfeste, gefettete Form legen. Die Kräuter, die herausschauen, mit dem restlichen Öl beträufeln und die Form mit Alufolie verschließen. Im Backofen etwa 20 Minuten backen. Alufolie entfernen und weitere fünf Minuten backen.

Dazu: Schmandkartoffeln oder Salzkartoffeln und Salat

Fertig in: 40 Minuten

Dazu: Schmandkartoffeln ✗

800 g Kartoffeln gründlich waschen, bürsten und mit der Schale 20 Minuten in siedendem Salzwasser kochen. Abgießen und schälen. 200 g Schmand (→ Seite 124) mit 2 Eßl. körnigem Senf und 100 ml Weißwein oder Gemüsebrühe erhitzen, mit Jodsalz und Pfeffer abschmecken und über die Kartoffeln gießen.

Hähnchenbrust mit Pflaumen und Pistazien

Fruchtig

FÜR 2 PORTIONEN

2 Hähnchenbrustfilets à 150 g, Jodsalz, frisch gemahlener Pfeffer, 1 Eßl. bittere Orangenmarmelade, 4 Backpflaumen ohne Stein, 1 Eiweiß, 40 g gehackte Pistazien oder gehackte Sonnenblumenkerne, 3 Teel. Olivenöl, 100 ml Hühnerbrühe (Instant), Saft von 1 Orange, 2 Eßl. Crème fraîche, 1 unbehandelte Orange zum Garnieren.

Fleisch abspülen und trockentupfen. Eventuell Fettreste abschneiden. Jedes Filet einmal längs durchschneiden, mit dem Handballen oder einer Teigrolle etwas flachklopfen. Filets salzen, pfeffern, mit Orangenmarmelade bestreichen, mit den Pflaumen belegen. Fleisch aufrollen und mit kleinen Holzspießchen feststecken. Eiweiß in einem tiefen Teller verquirlen. Die Fleischröllchen zuerst in Eiweiß, dann in Pistazien wenden. Pistazien fest andrücken. In einer großen Pfanne Öl bei mittlerer Hitze erhitzen und die Röllchen darin etwa 20 Minuten von allen Seiten braten. Röllchen herausnehmen und warm stellen. Brühe, Orangensaft und Crème fraîche in das Bratfett geben, aufkochen und mit Jodsalz und Pfeffer abschmekken. Soße über die Röllchen geben und mit Orangenscheiben garnieren.

Dazu: Reis oder Kartoffel-Gratin (→ Seite 49)

Fertig in: 35 Minuten

Brathähnchen mit Zitronenglasur

Raffiniert

FÜR 4 PORTIONEN
2 Brathähnchen à 800 g, 4 Eßl. Olivenöl, Saft von 1 Zitrone, 2 Eßl. Zitronen- oder Grapefruitmarmelade (ersatzweise 1 Eßl. flüssiger Honig), 1 Teel. scharfer Senf, 1 Teel. Jodsalz, 1 Messerspitze Cayennepfeffer; 1 unbehandelte Zitrone zum Garnieren.

Die Hähnchen abspülen, trockentupfen und in Stücke teilen: Dafür die Keulen mit einem spitzen Messer ringsrum abtrennen, zur Seite biegen und die Gelenke durchschneiden; das geht mit dem Messer oder mit einer Geflügelschere. Nun das restliche Hähnchen halbieren: Das Brustfleisch und den flachen Brustknochen am Brustbein entlang durchschneiden. Die Bruststücke vom Rücken trennen und quer teilen. Backofen auf 225 Grad, Umluft 200 Grad, Gas Stufe 4 vorheizen. Olivenöl, Zitronensaft, Zitronenmarmelade, Senf, Jodsalz und Cayennepfeffer verrühren und die Hähnchenteile damit rundherum bestreichen. Hähnchenteile mit der Hautseite nach oben in einen Bräter oder in die Fettpfanne legen. Eine Tasse Wasser zugießen und im Backofen etwa 45 Minuten braten. Herausnehmen und mit Zitronenachteln garnieren.

Dazu: Weißbrot und Tomaten-Mango-Soße

Fertig in: 1 Stunde

Variante: Genauso gut schmeckt's mit Hähnchenkeulen oder Hähnchenbrust.

TIEFKÜHL-GEFLÜGEL am besten über Nacht im Kühlschrank auftauen. Dafür das Geflügel auf einen Siebeinsatz oder einen umgedrehten Teller legen (einen zweiten Teller darunterstellen!) und mit einer Schüssel oder Frischhaltefolie abdecken. Die Auftauflüssigkeit nicht mit anderen Lebensmitteln oder Küchengeräten in Berührung bringen und auf keinen Fall mitverwenden! Alle gebrauchten Küchengeräte kochend heiß abwaschen, keine Holzbretter benutzen. Diese Vorsichtsmaßnahmen sind notwendig: Immer wieder kommt es zu Salmonelleninfektionen durch tiefgekühltes Geflügelfleisch. Wichtigste Maßnahme: Geflügel immer vollständig durchgaren. Zur Probe mit einer Gabel in die Falte zwischen Brust und Keule stechen. Fließt klarer Fleischsaft, ist das Geflügel gar.

Dazu: Tomaten-Mango-Soße ✗
1 Packung passierte Tomaten (500 g), 4–5 Eßl. Mango-Chutney, 1 Teel. Limettensaft und 1/2 Teel. Jodsalz mit dem Schneidstab des Handrührers pürieren oder mit dem Schneebesen gründlich verrühren. Mit Tabasco, Zucker und eventuell Jodsalz abschmecken und mit Limettenschale bestreuen.

Fischfilet mit Mandelkruste

Backofengericht

FÜR 3 PORTIONEN

2 Zwiebeln, 3 Knoblauchzehen, je 1/2 Bund Petersilie, Kerbel und Schnittlauch, 50 g abgezogene Mandelkerne, 100 g Butter, Jodsalz, Saft von 1/2 Zitrone, 40 g Semmelbrösel; 3 Fischfilets à 150 g (z. B. Zanderfilet mit Haut), Fett für die Form; 100 ml Weißwein (ersatzweise Gemüsebrühe und 1 Eßl. Zitronensaft).

Zwiebeln und Knoblauch abziehen und fein würfeln. Petersilie und Kerbel abspülen, trockentupfen und fein hacken; ein paar Petersilienblätter für später beiseite legen. Schnittlauch in Röllchen schneiden. Mandeln grob hacken. Backofen auf 225 Grad, Umluft 200 Grad, Gas Stufe 4 vorheizen. Weiche Butter mit Jodsalz und Zitronensaft schaumig rühren. Alle vorbereiteten Zutaten mit Butter und Semmelbröseln verkneten. Fisch abspülen, trockentupfen und in eine ofenfeste gefettete Form legen. Bei Fischfilet mit Haut, die Haut nach unten legen. Mit zwei Eßlöffel Wein beträufeln und mit der vorbereiteten Mandel-Brösel-Mischung bestreichen. Restlichen Wein zugießen und den Fisch im vorgeheizten Backofen etwa 12 Minuten garen. Herausnehmen und mit Petersilienblättern bestreuen.

Dazu: Reis

Fertig in: 30 Minuten

SEMMELBRÖSEL, auch Paniermehl oder Mutschelmehl, gibt es in jedem Supermarkt oder beim Bäcker. Profi-Köche verwenden für besonders feine Brösel- oder Brotkrusten nur die weiße Krume von altbackenen Brötchen (Semmeln) oder von Weißbrot. In Frankreich heißt das sehr fein geriebene Weißbrot ohne Rinde „Mie de pain".

FISCH hält sich, abgedeckt mit Frischhaltefolie, einen Tag im Kühlschrank. Besser ist es, Fisch ganz frisch zuzubereiten. Frischer Fisch riecht nicht nach Fisch, hat eine unverletzte glänzende Haut und eine elastische, feste Struktur. Fischfilets mit braunen Flecken und angetrockneten Ecken sollten Sie nicht kaufen. Fischfilets aus der Tiefkühltruhe sind eine gute Alternative zu Frischfisch – auch für den Vorrat. Die Filets nur so lange auftauen, bis sie sich voneinander lösen oder bis sie sich schneiden lassen. Dann wie Frischfisch behandeln, wobei das Abspülen entfällt.

Fischpudding

Für Gäste

FÜR **8** PORTIONEN
1 Dose Thunfisch in Öl (185 g), 300 g Kabeljaufilet, 1 Zwiebel, 2 Knoblauchzehen, 3 Eßl. Sahne, 2 Teel. Sardellenpaste, 150 g Crème fraîche, 10–12 schwarze Oliven ohne Stein, 4 Eiweiß von ganz frischen Eiern, Jodsalz, Saft von 1/2 Zitrone, frisch gemahlener Pfeffer; Fett für die Förmchen; 1 Chicorée und 1/2 Bund Basilikum zum Garnieren.

Thunfisch auf ein Sieb geben und abtropfen lassen. Kabeljaufilet kalt abspülen, trockentupfen und in Stücke schneiden. Zwiebel und Knoblauch abziehen, fein würfeln und mit beiden Fischsorten und Sahne in kleinen Portionen mit dem Schneidstab des Handrührers oder im Mixer pürieren. Backofen auf 225 Grad, Umluft 200 Grad, Gas Stufe 4 vorheizen. Fischmus, Sardellenpaste und Crème fraîche verrühren. Oliven fein würfeln und unterrühren. Eiweiß mit einer Prise Jodsalz und einigen Spritzern Zitronensaft steif schlagen und vorsichtig unter die Fischmasse heben. Kräftig salzen und pfeffern. In acht gefettete ofenfeste Förmchen oder Tassen (Inhalt ca. 150 ml) geben, mit Alufolie abdecken und im Backofen etwa acht bis zehn Minuten garen. Vom Chicorée, wenn nötig, die äußeren unansehnlichen Blätter entfernen. Chicorée halbieren, das untere Ende keilförmig herausschneiden und die Blätter voneinander lösen. Fischpudding mit Chicoréeblättern und Basilikum dekorieren.

Dazu: Baguette und → Portweinsoße

Fertig in: 35 Minuten

MAGERE SEEFISCHE wie Rotbarsch, Seelachs, Lengfisch, Kabeljau und auch Schellfisch oder Scholle sind sehr gute Jodlieferanten. Auch fettreiche Fische wie Hering, Makrele, Thunfisch und Lachs sind sehr gesund, denn sie haben einen hohen Gehalt an mehrfach ungesättigten Fettsäuren, z. B. der Omega-3-Fettsäure, die für den Aufbau von Zellwänden und Hormonen besonders wichtig sind und das Risiko von Herzerkrankungen senken.

Dazu: Rote Portweinsoße ✗
4 kleine Zwiebeln, 1 kleiner Zweig Rosmarin, 1 Eßl. Olivenöl, Zucker, 1 Teel. Mehl, 1/4 l roter Portwein, 3 Eßl. schwarzes Johannisbeergelee, Jodsalz, frisch gemahlener Pfeffer.

Zwiebeln abziehen und in feine Ringe schneiden. Mit dem Rosmarinzweig in Öl glasig dünsten. Etwa zwei Drittel der Zwiebeln herausnehmen und für später beiseite stellen. Zwei Prisen Zucker und Mehl über die restlichen Zwiebeln stäuben, verrühren und mit Portwein begießen. Einmal aufkochen lassen und im offenen Topf bei mittlerer Hitze etwa zehn Minuten kochen. Restliche Zwiebeln und Johannisbeergelee dazugeben und mit Jodsalz und Pfeffer abschmecken. Rosmarinzweig vor dem Servieren aus der Soße fischen.

Heilbutt mit Sesampanade

Schnell

FÜR 2 PORTIONEN
300 g Heilbuttfilet, Saft von 1/2 Zitrone, 1 Eiweiß, 4 Eßl. Sesamsaat, Jodsalz, frisch gemahlener Pfeffer, 2 Eßl. Butterschmalz;
Gemüse: *1 Stück frischer Ingwer (30 g), 2 Möhren, 1 dicke Porreestange, 1 Eßl. Butterschmalz, 1 Eßl. mildes Currypulver, Cayennepfeffer, Jodsalz, 100 ml Gemüsebrühe (Instant), 150 g Schlagsahne, evtl. heller Soßenbinder, Zucker, Zitronensaft.*

→ Fischfilets unter kaltem Wasser kurz abspülen, trockentupfen und mit Zitronensaft beträufeln. Eiweiß mit einer Gabel leicht aufschlagen. Sesamsaat auf einem Teller verteilen. Fischfilets salzen und pfeffern. Zuerst in Eiweiß wenden, dann in der Sesamsaat wälzen. Die Panade gut andrücken. Filets in heißem Butterschmalz (→ Seite 105) bei mittlerer Hitze etwa fünf Minuten braten und im Backofen warm stellen.

Gemüse: Ingwer (→ Seite 111) schälen und fein hacken. Möhren schälen und in dünne Scheiben schneiden. Vom Porree die äußeren Blätter und das Wurzelende entfernen, Porree längs halbieren, in dünne Ringe schneiden, in ein Sieb geben und gründlich abspülen. Ingwer und Möhren in Butterschmalz in einer mittelgroßen Pfanne vier Minuten andünsten. Curry, Cayennepfeffer und eine Prise Jodsalz unterrühren. Brühe und Sahne dazugeben und im offenen Topf etwa fünf Minuten einkochen. Porreeringe dazugeben und bei mittlerer Hitze weitere zwei Minuten dünsten. Die Soße eventuell mit Soßenbinder binden und mit Jodsalz, Zucker und Zitronensaft abschmecken.

Dazu: Reis

Fertig in: 35 Minuten

FISCHFILETS sind, in der Pfanne gebraten, ein beliebtes und schnelles Essen. Ärgerlich wird es nur, wenn das Fischfilet beim Braten in seine Einzelteile zerfällt. Kaufen Sie deshalb Filets von Lengfisch, Seelachs, Rotbarsch, Catfish (Farm-Wels) oder Viktoriabarsch, die haben festes Fleisch. Vor dem Garen die Fischfilets von allen Seiten mit Zitronen- oder Limettensaft beträufeln. Die Säure macht das Fleisch fester und verbessert den Geschmack. Gesäuerte Fische abdecken und zehn Minuten im Kühlschrank stehen lassen. Fisch erst kurz vor oder nach dem Garen salzen, weil Salz dem Fischfleisch Wasser entzieht und es trocken macht. Fischfilets vor dem Garen trockentupfen und in Mehl wenden, dann kleben sie nicht in der Pfanne. Überschüssiges Mehl abklopfen. Öl oder Butterschmalz in einer beschichteten Pfanne erhitzen und Fischfilets darin von beiden Seiten braten

Fisch-Curry mit Ingwer

Raffiniert

Für 3 Portionen

600 g Rotbarschfilet, Saft von 1 Limette, 3 Knoblauchzehen, 1 Stück frischer Ingwer (80–100 g), 6 Lauchzwiebeln, 20 g Butterschmalz, 2 Eßl. mildes Currypulver, 1 Messerspitze Cayennepfeffer, 1/2 Teel. Kumin (Kreuzkümmel), 1 große Dose Tomatenstücke (480 g), 200 ml ungesüßte Kokosnußmilch aus der Dose, Jodsalz, 2 Eßl. brauner Zucker oder Agavensirup.

Fisch kurz abspülen, trockentupfen und in 3–4 cm große Stücke schneiden, mit Limettensaft einreiben und 30 Minuten abgedeckt in den Kühlschrank stellen. Knoblauch abziehen und fein hacken. → Ingwer schälen und in dünne Scheiben schneiden. Lauchzwiebeln putzen, abspülen, trockentupfen, das Weiße fein hacken, das Grüne in feine Ringe schneiden, für später zwei Eßlöffel Lauchzwiebelgrün beiseite stellen. Butterschmalz in einer großen Pfanne erhitzen. Knoblauch, Ingwer und das Weiße der Lauchzwiebeln dazugeben und unter Rühren bei mittlerer Hitze in etwa sieben Minuten glasig dünsten. Currypulver, Cayennepfeffer und Kumin zugeben und kurz andünsten. Tomaten und Tomatenflüssigkeit, → Kokosnußmilch, einen halben Teelöffel Jodsalz und Zucker zugeben und alles in der offenen Pfanne aufkochen und etwa zwölf Minuten bei mittlerer Hitze einkochen lassen. Das Curry noch einmal aufkochen, Fischstücke hineingeben und bei mittlerer Hitze in etwa sieben Minuten gar ziehen lassen. Falls das Curry noch zu flüssig ist, kurz bei großer Hitze in der offenen Pfanne etwas einkochen lassen. Restliche Lauchzwiebeln über das Fisch-Curry streuen.

KOKOSNUẞMILCH entsteht, wenn geraspelte Kokosnuß mit Wasser vermischt und ausgepreßt wird. (Kokosmilch dagegen ist die klare, leicht süßliche Flüssigkeit aus dem Innern der Kokosnuß.) In Indien und Indonesien ist Kokosnußmilch unentbehrlich für Currygerichte, Soßen und Süßspeisen. Bei uns ist Kokosnußmilch schon in vielen Lebensmittelgeschäften, in Asia-Shops und den Spezialitätenabteilungen der Kaufhäuser erhältlich, ebenso Kokosnußcreme oder -paste und auch weiße Kokostafeln als Konzentrat, die man mit Wasser auflöst. Speziell für Mixgetränke gibt es gesüßte Kokosnußmilch.

INGWER war früher in deutschen Küchen kaum gebräuchlich. Heute ist er auf allen Märkten und bei jedem Gemüsehändler zu bekommen. Die blasse, cremefarbene Wurzelknolle hat einen intensiven fruchtig-würzigen und zugleich scharfen Geschmack, der vielen Gerichten den letzten Pep verleiht, zudem ist sie auch noch gesund: Die Inhaltsstoffe – ätherische Öle und Scharfstoffe – lindern Darm- und Magenbeschwerden, stärken die Immunkraft, bringen den Kreislauf auf Trab und wirken gegen Erkältungen, Rheuma und Übelkeit. Die wirksamen Öle sitzen direkt unter der feinen Schale, darum die Knollen möglichst dünn schälen. Das geht am besten bei frischen Knollen, die prall und glatt sind. Ingwer verträgt sich gut mit Limettensaft, Koriander, Chili und Kumin.

Fertig in: 1 Stunde

Dazu: Safranreis ✗

In einem mittleren Topf 3 bis 4 Safranfäden (→ Seite 143) oder 1 Teel. Kurkuma (Gelbwurz) und 1 Teel. Jodsalz in 1/2 l lauwarmem Wasser auflösen. 250 g Basmatireis (→ Seite 44) zugeben und aufkochen. Einmal umrühren und auf kleinste Hitze schalten. Reis im geschlossenen Topf 12 Minuten garen, den Deckel während der Zeit nicht lüften. Reis vor dem Servieren mit einer Gabel auflockern.

Spanische Gambas in Olivenöl

Schnelle Köstlichkeit

FÜR 3 PORTIONEN
500 g Garnelen (Gambas), 1 kleine Gemüsezwiebel, 4 Knoblauchzehen, 1 frische grüne Chilischote, 1/4 l Olivenöl, Jodsalz, 1/2 Bund Koriander oder Petersilie.

→ Garnelen vorbereiten. Zwiebel und Knoblauch abziehen. Zwiebel halbieren und in feine Ringe schneiden. Knoblauch fein hacken. Chilischote abspülen, entkernen und in Ringe schneiden (wegen der Schärfe mit Gummihandschuhen arbeiten). In einer großen Pfanne oder einem mittleren Topf Olivenöl, Zwiebeln, Knoblauch, Chili und Jodsalz bei mittlerer Hitze so vorsichtig erhitzen, daß die Zwiebeln nicht bräunen. Garnelen zugeben und bei mittlerer Hitze nur kurz garen. Die Garnelen sind gar, wenn sie rosa und nicht mehr glasig sind. (Werden Garnelen zu lange gegart, verlieren sie ihre Feuchtigkeit und werden hart.) Mit gehacktem Koriander oder Petersilie bestreuen.

Dazu: Weißbrot oder Baguette

Fertig in: 20 Minuten

Marinierte Riesengarnelen

Edles Backofengericht

FÜR 3 PORTIONEN
9–12 Riesengarnelen, 3 Eßl. schwarze Oliven ohne Stein; Saft von 2 Orangen, Saft von 1/2 Zitrone, 1 Eßl. Fenchelhonig, 2 Eßl. Olivenöl, frisch gemahlener weißer Pfeffer, 1 Knoblauchzehe; 3 Zucchini, 5 Tomaten, Jodsalz, 1 Eßl. Olivenöl, 1 unbehandelte Zitrone.

→ Garnelen vorbereiten. Oliven mehrmals mit einer Gabel einstechen und mit den Riesengarnelen in eine Schüssel geben. Orangen- und Zitronensaft, Fenchelhonig, Olivenöl, Pfeffer und zerdrückte Knoblauchzehe verrühren, über die Riesengarnelen gießen und abdecken. Backofen auf 200 Grad, Umluft 170 Grad, Gas Stufe 3 vorheizen. Zucchini und Tomaten abspülen. Von beiden Gemüsen die Stielansätze abschneiden. Zucchini und Tomaten in Scheiben schneiden und in eine ofenfeste Form schichten. Mit Jodsalz und Pfeffer würzen, mit Olivenöl beträufeln und im Backofen etwa 20 Minuten garen. Riesengarnelen und Oliven auf dem Gemüse verteilen und mit Marinade begießen. Im Backofen weitere zehn Minuten backen. Herausnehmen und mit Zitronenachteln servieren (→ Foto).

Dazu: Baguette

Fertig in: 50 Minuten

Variation: Wer Oliven nicht mag, läßt sie einfach weg oder ersetzt sie durch Lauchzwiebelringe oder in Öl eingelegte Artischocken oder Pilze.

GARNELEN – auch Gambas, King Prawns oder Riesengarnelen – schmecken am besten frisch aus dem Meer. Eine gute Alternative sind gleich nach dem Fang eingefrorene Garnelen. Um das volle Aroma zu erhalten, sollte man die Garnelen langsam und schonend auf einem Durchschlag bei Zimmertemperatur auftauen, das dauert etwa zwei Stunden. Wenn's schneller gehen soll, Garnelen in einen dickwandigen Plastikbeutel geben, Beutel dicht verschließen und in lauwarmes Wasser legen. Aufgetaute Garnelen auf keinen Fall wieder einfrieren. So vorbereiten: Garnele an Kopf- und Schwanzteil fassen und den Schwanz mit einer Drehung abdrehen. Schale an der Bauchseite des Schwanzstückes mit einer spitzen Schere einschneiden. Schale ganz oder bis auf den Schwanzfächer entfernen. Rückenseite einschneiden und den schwarzen Darm entfernen (→ Foto). Garnelen ganz kurz unter kaltem Wasser abspülen und trockentupfen.

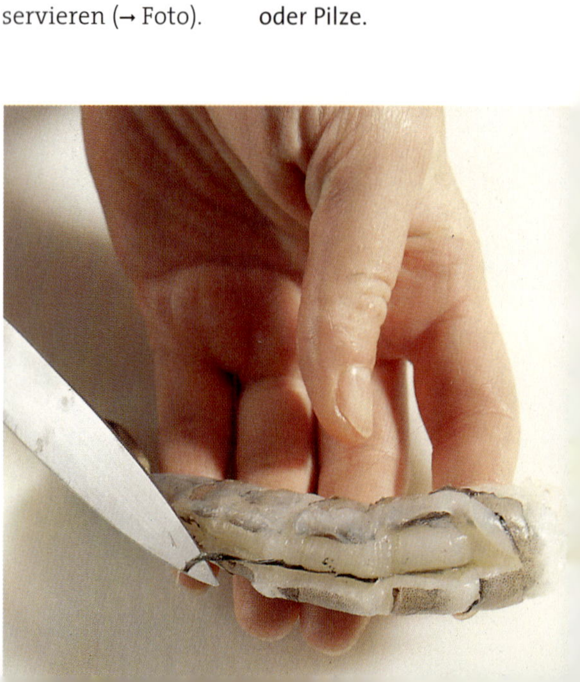

Miesmuscheln in Weißwein

Saison für Miesmuscheln: September bis Anfang April

Übrigens An der belgischen Nordseeküste und in Brüssel ißt man zu Miesmuscheln gern Fritjes; das sind große, frisch gebackene Pommes frites, die außen schön knusprig und innen ganz saftig und fleischig sind.

Für 4 Portionen

2,5 kg geputzte Miesmuscheln, 2 Zwiebeln, 2 Knoblauchzehen, 1 frische rote Chilischote, 1/2 Bund glatte Petersilie, 1 Flasche Weißwein (0,7 l), 2 Päckchen TK-Suppengrün (à 50 g), 1/2 Teel. Pimentkörner, 2 Lorbeerblätter, Jodsalz.

Die → Miesmuscheln in eine große Schüssel geben, mit reichlich frischem kaltem Wasser bedecken und kurz waschen. Muscheln mit geöffneter Schale unter einen kalten Wasserstrahl halten oder mit einer Messerspitze antippen. Schließt sich die Muschel, dann ist sie frisch und kann gegessen werden. Muscheln, die sich nicht schließen, müssen Sie wegwerfen. Muscheln auf einem Sieb abtropfen lassen. Zwiebeln und Knoblauch abziehen und in feine Würfel schneiden. Chilischote halbieren, Kerne entfernen und in feine Ringe schneiden (wegen der Schärfe mit Gummihandschuhen arbeiten). Petersilie abspülen, trockentupfen und fein hacken. In einem großen Topf einen halben Liter Wasser, Wein, TK-Suppengrün, Zwiebel- und Knoblauchwürfel, Chili, Petersilie, Pimentkörner und Lorbeerblätter einmal aufkochen, dann zugedeckt bei mittlerer Hitze zehn Minuten kochen lassen. Nun die Muscheln in den Topf geben, Topf schließen und kräftig rütteln, damit alle Muscheln vom Wein benetzt werden und sich die Hitze gut verteilt. Bei mittlerer Hitze fünf bis zehn Minuten kochen. Alle Muscheln müssen sich geöffnet haben, geschlossene Exemplare wegwerfen. Muscheln mit einer Schaumkelle aus dem Muschelsud heben und auf tiefe Teller verteilen. Muschelbrühe mit Jodsalz abschmekken und auf jeden Teller eine Kelle Muschelbrühe gießen.

Dazu: Vollkornbrot mit Butter

Fertig in: 1 Stunde

TIP: Im Handel gibt es vorwiegend gezüchtete Miesmuscheln, die während Zucht und Vermarktung streng kontrolliert wurden. Diese Muscheln sind geputzt und küchenfertig, d. h. sie sind vorgereinigt, sandfrei und von ihren Bärten (Haftfäden am Schließscharnier) befreit.

Variationen:
Die Muschelbrühe können Sie ganz nach Belieben zubereiten. Zum Beispiel statt Suppengemüse kleingeschnittenen Fenchel, Porree oder Champignons in Weißwein dünsten. Gut schmeckt's auch, wenn Sie unter die Muschelbrühe Sahne oder Crème fraîche rühren.

Variation mit Tomaten:
Zwiebelringe in Olivenöl andünsten. Eine große Dose Tomaten, einen halben Liter Weißwein (ersatzweise Gemüsebrühe), Jodsalz, Pfeffer, Lorbeer und einen Teelöffel getrockneten Oregano zugeben und alles bei mittlerer Hitze zehn Minuten kochen. Vorbereitete Muscheln zugeben und wie oben beschrieben garen.

Überbackene Muscheln

Schneller Snack

FÜR 3 PORTIONEN
Ca. 200 g gegartes Muschelfleisch, 1/4 l Muschelbrühe, 20 g Butter oder Margarine, 2 Eßl. Mehl, 125 g geriebener Emmentaler oder Greyerzer Käse, Jodsalz, frisch gemahlener Pfeffer.

Backofen auf 200 Grad, Umluft 170 Grad, Gas Stufe 3 vorheizen. Muscheln in drei ofenfeste Portionsförmchen füllen. Muschelbrühe aufkochen. Fett zerlassen, Mehl zugeben und mit dem Schneebesen unterrühren. Muschelbrühe zugeben und alles zu einer glatten Soße verrühren. Die Hälfte vom Käse unterrühren und die Soße mit Jodsalz und Pfeffer abschmecken. Soße auf die Förmchen verteilen und mit dem restlichen Käse bestreuen. Im Backofen etwa 20 Minuten hellbraun überbacken.

Dazu: Frisches Baguette

Fertig in: 35 Minuten

MIESMUSCHELN

oder Pfahlmuscheln sind fettarm, aber reich an Eiweiß und am wichtigen Mineralstoff Jod, der in größeren Mengen fast nur in Seefisch, Meeresfrüchten und Algen vorkommt. Muscheln ißt man mit den Fingern, indem man zwei zusammenhängende Muschelschalen wie eine Zange benutzt. Die Muschelbrühe wird mit einem Eßlöffel ausgelöffelt. Beim Tischdecken daran denken, bei jedem Gedeck einen Extra-Teller für die leeren Muschelschalen bereitzustellen.

TIP: Muscheln, die übrig bleiben, kann man aus den Schalen lösen und wie im Rezept oben überbacken. Gekochtes Muschelfleisch läßt sich zwei Tage in der Muschelbrühe im Kühlschrank aufbewahren oder in durchgesiebter Muschelbrühe für etwa sechs Monate einfrieren.

Sweets for my sweet

Und für Sie selbst natürlich! Hier finden Sie absolut unwiderstehliche Leckereien – vom perfekten Griesflammeri über Crème caramel bis zum klassischen Tiramisu. Die Rezepte sind natürlich so beschrieben, daß sie Ihnen auf jeden Fall gelingen. Ihr „Sweet" wird begeistert sein! Übrigens: Kennen Sie Crumbles? Die warmen englischen Obstdesserts sind fast schon Kuchen (Seiten 126/127). Unbedingt probieren!

Hafer-Snack

Fürs vollwertige Naschen

FÜR 20 STÜCK
200 g fertiges Studentenfutter, 60 g Butter oder Margarine, 4 Eßl. Apfel- oder Birnendicksaft, 100 g Vollrohrzucker, 3 Eßl. kernige Haferflocken, 75 g knusprige Haferflakes.

Zu große Nüsse im Studentenfutter (→ Seite 119) eventuell grob hacken. Backofen auf 150 Grad, Umluft 125 Grad, Gas Stufe 1 vorheizen. Fett, Apfeldicksaft und Zucker in einem mittleren Topf unter Rühren so lange erhitzen, bis sich der Zucker gelöst hat. Haferflocken, Haferflakes und Studentenfutter unterrühren. Mit zwei Teelöffeln kleine Häufchen in Papiermanschetten (Durchmesser 4 cm, Kaufhaus) setzen. Im Backofen etwa zehn Minuten backen.

Fertig in: 30 Minuten

Waffeln mit Sanddornsahne

Köstlich

FÜR 8 BIS 10 WAFFELN
Sanddornsahne: *100 g getrocknete Aprikosen, 100 ml Orangensaft, 400 g Schlagsahne, 2 Päckchen Natur-Vanillezucker, 3–4 Eßl. Sanddornsaft mit Rohrzucker (Reformhaus), 25 g gehackte Pistazien;*
Teig: *3 Eier, 100 g Margarine, 100 g Vollrohrzucker, Jodsalz, 200 g Crème fraîche, 3–4 Eßl. Sanddornsaft mit Rohrzucker, 250 g Weizenvollkornmehl, 2 Teel. Backpulver, Saft von 1/2 Zitrone; Butterschmalz für das Waffeleisen.*

Sanddornsahne: Aprikosen in feine Streifen schneiden, mit dem Orangensaft aufkochen. Etwa fünf Minuten kochen lassen, durch ein Sieb gießen, Saft auffangen. Aprikosen abkühlen lassen. Schlagsahne mit Vanillezucker (→ Seite 121) steif schlagen und mit Sanddornsaft und Pistazien verrühren. Abgekühlte Aprikosen und eventuell den Orangensaft unter die Sahne mischen, wenn sie cremiger werden soll. Bis zum Servieren kalt stellen.

Teig: Eier trennen (→ Seite 59). Margarine, Zucker und Jodsalz mit den Quirlen des Handrührers schaumig rühren. Eigelb nach und nach zugeben. Crème fraîche und Sanddornsaft unterrühren. Mehl und Backpulver mischen und unterrühren. Eiweiß mit ein paar Tropfen Zitronensaft steif schlagen. Eischnee erst kurz vor dem Backen unter-

Nuß-Muffins ×

Ganz einfach

FÜR 18 STÜCK

125 g Butter, 125 g Zucker, 3 Eier, 150 g Mehl (Type 550), 1/2 Teel. Backpulver, 1 Päckchen Bourbon-Vanillezucker, 1 Päckchen Orangenschalenaroma, 250 g helle Nußkerne (z.B. Mandelkerne, Macadamianüsse, Erdnüsse, Cashewkerne, Walnüsse), 3 Eßl. Orangen-Joghurt; Puderzucker zum Bestäuben.

Weiche Butter und Zucker mit den Quirlen des Handrührers cremig schlagen. Die Eier nacheinander unterrühren. Mehl (→ Seite 58), Backpulver, Vanillezucker (→ Seite 121) und → Orangenschalenaroma mischen und unter den Teig rühren. Backofen auf 175 Grad, Umluft 150 Grad, Gas Stufe 2 vorheizen. Nüsse grob hacken und die Hälfte davon mit dem Orangen-Joghurt unter den Teig rühren. Den Teig in 18 Papiermanschetten (Durchmesser 4 cm, Kaufhaus) füllen und auf ein Backblech setzen. Restliche Nüsse auf die Törtchen streuen. Im Backofen etwa 20 Minuten backen. Mit Puderzucker bestreuen.

Fertig in: 45 Minuten

STUDENTENFUTTER – Rosinen und Nüsse – ist ein idealer Snack für Kopfarbeiter: Magnesium und Glucose (Traubenzucker) dämpfen Streß und versorgen die Denkzentrale schnell mit Energie. Vitamine wie das Nervenvitamin B1 und die Wunderwaffe Vitamin E beruhigen, machen wach und fit. Vermeintlicher Nachteil: der hohe Fettgehalt. Aber der ist bei Studentenfutter nicht höher als bei Chips oder Schokoriegeln, liefert aber im Gegensatz zu ihnen zusätzlich jede Menge Vitamine und Mineralstoffe. Studentenfutter immer dunkel und luftdicht aufbewahren!

heben. Das vorgeheizte Waffeleisen dünn mit Butterschmalz (→ Seite 105) einfetten. Der Teig soll dickflüssig sein und sich leicht in das Waffeleisen gießen lassen. Nacheinander die Waffeln backen und warm stellen. Mit der Sanddornsahne servieren.

Fertig in: 1 Stunde

ZITRUSSCHALENAROMA gibt es in kleinen Portionspäckchen (ca. 5 g) im Backmittelregal im Supermarkt. Die Schale von Zitrusfrüchten (Orangen, Zitronen, Grapefruit) wird zum Schutz vor Schimmelpilzen nach der Ernte in der Regel mit dem Konservierungsstoff Thiabendazol behandelt; deshalb sollten die Schalen nicht zum Aromatisieren verwendet werden. Wenn Sie keine unbehandelten Früchte bekommen, sind die Aroma-Päckchen eine gute Alternative.

Tiramisu

Italienischer Klassiker

FÜR 8 PORTIONEN
3 frische Eier, 3 Eßl. Zucker, 2 Päckchen Vanillinzucker, 500 g Mascarpone (ital. Frischkäse), 200 ml Schlagsahne; 1 fertiger Biskuitboden oder 250 g Löffelbiskuits; 150 ml kalter starker Espresso, 3 Eßl. Kakaopulver.

Eine rechteckige Form (Inhalt mindestens 1,2 l) mit geradem Rand, eine Rührschüssel und einen hohen Rührbecher bereitstellen. Eier trennen (→ Seite 59). Eigelb in die Schüssel, und Eiweiß in den Rührbecher geben. Eigelb, Zucker und Vanillinzucker mit dem Schneebesen schaumig rühren. Mascarpone zugeben und langsam mit der Eiermasse verrühren, bis alles gleichmäßig dick ist. Nun die Sahne steif schlagen und unterrühren. Dann das Eiweiß zu Schnee schlagen und unterheben. Biskuitboden passend zur Form für zwei Schichten zurechtschneiden (ruhig stückeln). Einen Biskuitboden oder die Hälfte der Löffelbiskuits in die Form legen und mit der Hälfte des Espresso beträufeln. Die Hälfte der Mascarponecreme darauf verteilen. Mit der zweiten Biskuitschicht bedecken und mit dem restlichen Espresso beträufeln. Mit der restlichen Creme bestreichen. Gleichmäßig mit Kakao bestäuben und über Nacht in den Kühlschrank stellen.

Fertig in: 40 Minuten, über Nacht kühlen

Variation: Die Hälfte des Espresso durch Mandellikör (z. B. Amaretto, Marsala, Cerasella oder Rosoglio) ersetzen.

Grießflammeri mit Fruchtsoße

Deutscher Klassiker

FÜR 8 PORTIONEN
Grießflammeri:
1/2 Limette, 1 l Milch, 75 g Zucker, 1 Päckchen Vanillezucker, 200 g Weizengrieß, 3 Eier, Jodsalz;
Fruchtsoße:
2 Mangos à ca.500 g, Saft von 2 Orangen, 2 Eßl. Zucker, Saft von 1/2–1 Limette, 1–2 Teel. Ahornsirup.

Grießflammeri: Limette (→ Seite 102) abspülen, trockentupfen und von der Schale mit einem scharfen Messer zwei Streifen abschälen. Milch, Zucker, Vanillezucker und Limettenschale in einem hohen Topf aufkochen. Grieß zugeben und unter Rühren einmal aufkochen. Grieß auf der ausgeschalteten Kochstelle etwa 25 Minuten ausquellen lassen, dabei ab und zu umrühren. Die Eier trennen (→ Seite 59). Eigelb nacheinander mit einem Schneebesen unter den Grieß rühren und etwa 15 Minuten abkühlen lassen. Eiweiß mit einer Prise Jodsalz steif schlagen und unter den Flammeri heben. Flammeri in eine Schüssel oder Flammeriform geben, mit Frischhaltefolie abdecken, kühlen.
Fruchtsoße: Mangos schälen, das Fruchtfleisch vom Stein schneiden und würfeln. Orangensaft und Zucker aufkochen. Mangofleisch zugeben und etwa fünf Minuten dünsten. Von der Kochstelle nehmen und alles mit dem Schneidstab des Handrührers oder im Mixer pürieren. Mit Limettensaft und Ahornsirup (→ Seite 121) abschmecken. Flammeri auf eine Platte stürzen und mit feingehackter Limettenschale garnieren. Soße dazu servieren.

Fertig in: 50 Minuten

Crème caramel (Karamelpudding)ˣ

Französischer Klassiker

FÜR 8 PORTIONEN
Butter für die Förmchen;
Karamel: *100 g Zucker;*
Flan: *1/2 Milch, 40 g Zucker, 2 Päckchen Bourbon-Vanillezucker, 3 Eier, 2 Eigelb.*

Acht ofenfeste Förmchen oder Tassen mit geraden Wänden dünn mit weicher Butter ausstreichen.

Karamel: Zucker in einen mittleren Topf mit dickem Boden (am besten ein Milchtopf mit Stiel) geben und bei mittlerer Hitze ohne Rühren schmelzen und karamelisieren lassen. Sobald kein Wasserdampf mehr aufsteigt, beginnt der Zucker zu karamelisieren. Wenn der Karamel flüssig und goldbraun ist, den Topf sofort vom Herd nehmen und etwa einen Eßlöffel Karamel in jedes Förmchen geben. Vorsicht, Karamel ist sehr heiß! Förmchen schwenken, so daß sich der Karamel überall gut verteilt.

Flan: Milch, Zucker und → Vanillezucker aufkochen, dabei ständig mit einem Holzlöffel umrühren, bis sich der Zucker gelöst hat. Milch von der Kochplatte nehmen. Eier und Eigelb in einer Schüssel verquirlen. Die Milch nach und nach unterrühren; dabei einen Holzlöffel verwenden (keinen Schneebesen, da sonst zuviel Luft unter die Masse gerührt wird und der Flan beim Garen Löcher bekommt). Eiermilch durch ein Sieb in die Förmchen gießen. Förmchen in die Fettpfanne des Backofen stellen und so viel heißes Wasser zugeben, bis die Förmchen bis zur Hälfte im Wasser stehen. In den Backofen auf die unterste Schiene schieben und bei 175 Grad, Umluft 150 Grad, Gas Stufe 2 etwa 45 Minuten stocken lassen. Crème aus dem Wasserbad nehmen, bei Zimmertemperatur abkühlen lassen und mindestens drei Stunden in den Kühlschrank stellen. Crème mit einem Messer vom Rand lösen, kurz in heißes Wasser tauchen und auf Teller stürzen.

Fertig in: 1 Stunde 20 Minuten, 3 Stunden Kühlzeit

TIP: Wenn's schnell gehen soll, statt Karamel je einen Eßlöffel → Ahornsirup in die Förmchen geben.

TIP: Crème caramel kann ungestürzt und abgedeckt drei Tage im Kühlschrank aufbewahrt werden.

BOURBON-VANILLEZUCKER oder auch echter Vanillezucker ist eine Mischung aus feingeriebener echter Vanille und weißem Kristallzucker. Erkennbar an den winzigen schwarzen Punkten im Zucker, den Kernen aus dem Mark der Vanilleschote. Bourbon-Vanille ist eine der besten und teuersten Vanillesorten. Sie wächst auf den ostafrikanischen Inseln. Bei Vanillinzucker aromatisiert synthetisch hergestelltes Vanillin den Zucker

AHORNSIRUP ist in den USA und Kanada ein sehr beliebtes Süßungsmittel. Zur Gewinnung wird ein kleines Loch in den Stamm des Ahornbaumes gebohrt, der ausströmende Saft fließt in Eimer oder direkt durch Leitungen ins „Sugar House", wo er zu Sirup verkocht wird. Für einen Liter Sirup benötigt man 40 Liter Saft. Deshalb ist der milde, nach Karamel schmeckende Sirup ziemlich teuer.

Johannisbeergrütze mit Joghurtcreme ✕

Hauptsaison für Johannisbeeren: Mitte Juni bis August

FÜR 6 PORTIONEN
Joghurtcreme: *500 g Vollmilch-Joghurt, 150 g Crème fraîche, 2 Eßl. Puderzucker;*
Grütze: *300 g Johannisbeeren, 700 ml Johannisbeersaft, 1 Päckchen Himbeer- oder Vanille-Puddingpulver, 2–3 Eßl. Agavensirup; 1–2 Eßl. Zucker.*

Joghurtcreme: Joghurt, Crème fraîche und Puderzucker verrühren. Ein Sieb mit einem Mulltuch (z. B. einer Baumwollwindel aus Apotheke oder Supermarkt) auslegen und den Joghurt hineinfüllen. Glattstreichen und über Nacht auf dem Sieb abtropfen lassen.

Grütze: Johannisbeeren abspülen, abtropfen lassen und von den Rispen streifen. Sechs schöne Rispen für später zur Seite legen. Vier Eßlöffel Johannisbeersaft, → Puddingpulver und zwei Eßlöffel Agavensirup (→ Seite 81) verrühren. Restlichen Saft aufkochen. Von der Kochstelle nehmen, das angerührte Puddingpulver hineinrühren. Einmal aufkochen. Johannisbeeren unter die leicht abgekühlte Grütze heben. Grütze mit Agavensirup abschmecken. Die sechs Johannisbeerrispen in Zucker wälzen. Mit einem Eßlöffel Nocken von der Creme abstechen und die Cremenocken zusammen mit der Grütze und den Johannisbeeren anrichten.

Fertig in: 30 Minuten, über Nacht abtropfen lassen

Variationen: Das Grütze-Rezept läßt sich nach Jahreszeit und Gusto verändern; einfach Saft und Früchte austauschen und neue Kombinationen ausprobieren: Kirschsaft und Kirschen (frisch, TK oder Glas); Kirschsaft und TK-Beerenfrüchte; heller Traubensaft, Weintrauben und Mandelkerne; Apfelsaft, abgezogene Aprikosen und Orangensaft; Heidelbeersaft, Apfelsaft und Heidelbeeren; Johannisbeersaft und Himbeeren; Aprikosensaft, abgezogene Pfirsiche, Limettensaft und feingehackte Minze.

PUDDINGPULVER ist nichts anderes als Speisestärke mit Aroma- und Farbstoffen. Speisestärke in Fruchtgrütze- oder Kuchenrezepten kann man daher gut durch Puddingpulver ersetzen, es gibt der Sache gleich Geschmack.
Umgekehrt geht's auch: 40 Gramm Speisestärke ersetzen ein Paket Puddingpulver. Es gibt Vanille-, Bourbon-Vanille-, Mandel-, Karamel- und natürlich Schokoladenpudding. Einige Hersteller haben auch Himbeer- und Erdbeer-Puddingpulver im Programm.

Joghurtmousse mit Heidelbeeren

Hauptsaison für Kultur-Heidelbeeren: Juli/August

FÜR 8 PORTIONEN
100 g schwarzes Johannisbeergelee, 1 Eßl. Orangensaft, 4 Blatt weiße Gelatine, 200 g Doppelrahmfrischkäse, 450 g Natur-Joghurt, Saft von 1 Zitrone, 2 Päckchen Vanillinzucker, 2–3 Eßl. Puderzucker, 250 g Schlagsahne; 300 g frische Heidelbeeren, Puderzucker zum Bestäuben.

Johannisbeergelee und Orangensaft in einem kleinen Topf unter Rühren bei schwacher Hitze auflösen. Gelatine (→ Seite 125) in reichlich kaltem Wasser einweichen. Frischkäse, Joghurt, Zitronensaft, Vanillinzucker und Puderzucker verrühren. Gelatine bei schwacher Hitze auflösen. Drei Eßlöffel Joghurtcreme mit dem Schneebesen in die abgekühlte Gelatine rühren, dann die Gelatine in die restliche Joghurtcreme rühren. Sahne steif schlagen und vorsichtig unter die gelierende Masse heben. Das geht am besten, indem man zuerst etwa ein Drittel Sahne mit einem Schneebesen unter die Masse rührt, um sie aufzulockern. Dann die restliche Sahne mit dem Schneebesen unterheben. Die Joghurtmousse in eine flache Schale füllen. Sobald die Mousse anfängt zu gelieren, lauwarme Gelee-Saft-Mischung vorsichtig unterrühren. Mindestens zwei Stunden in den Kühlschrank stellen. Mousse mit Heidelbeeren und Puderzucker auf Portionstellern anrichten.

Fertig in: 30 Minuten, 2 Stunden Kühlzeit

HEIDELBEEREN werden heute auf Heide- oder Hochmoorböden an bis zu zwei Meter hohen Sträuchern kultiviert. Im Gegensatz zu den klassischen Wald-Heidelbeeren, die auch Blau- oder Bickbeeren heißen, sind diese Beeren fast traubengroß, und ihr Fruchtfleisch ist nicht tiefblau, sondern hell. Es verfärbt die Zähne nicht. Kultur-Heidelbeeren sind robuster als ihre zarten, aromatischen Verwandten aus dem Wald und schimmeln nicht so schnell.

Himbeer-Biskuit

Hauptsaison für Himbeeren: Mitte Juni bis Mitte September

FÜR 10 PORTIONEN
500 g Speisequark (20 %),
600 g Schmand,
2 unbehandelte Zitronen,
2 Päckchen Vanillezucker,
80 g Zucker;
300 g Löffelbiskuits,
1/4 l Pfirsich- oder Orangensaft,
100g zartbittere Schokoflocken,
400 g Himbeeren oder TK-Himbeeren.

Quark, Schmand, abgeriebene Schale einer halben Zitrone, Saft von beiden Zitronen, Vanillezucker (→ Seite 121) und Zucker verrühren. Ein Drittel der Löffelbiskuits in eine rechteckige Form legen und mit einem Drittel des Safts beträufeln. Darauf ein Drittel der Quark-Zitronen-Creme streichen und mit Schokoflocken bestreuen. Darauf wieder eine Schicht Biskuits, Saft und Creme verteilen und die Hälfte der Himbeeren daraufstreuen. Mit den restlichen Biskuits bedecken, dabei etwas andrücken und mit dem restlichen Saft beträufeln. Restliche Creme daraufstreichen und mit restlichen Himbeeren und Schokoflocken bestreuen. Mit Frischhaltefolie abdecken und über Nacht in den Kühlschrank stellen.

Fertig in: 25 Minuten, über Nacht kühlen

Variation: Statt Himbeeren können Sie auch andere Früchte der Saison nehmen, z. B. Erdbeeren, Heidelbeeren, Pfirsiche oder Weintrauben. Ganz einfach geht´s auch mit Tiefkühl-Beeren. Die eisigen Früchte wie frische verarbeiten und den fertigen Biskuit auf jeden Fall eine Nacht in den Kühlschrank stellen, damit die Beeren langsam auftauen.

SCHMAND oder Schmant ist die ost- und niederdeutsche Bezeichnung für (saure) Sahne. Der aus konzentrierter Kuhmilch hergestellte Schmand ist stichfest, ultrahocherhitzt (H-Produkt) und hat meistens 24 Prozent Fett. Schmand ist ideal für kalte Soßen, Salate, Cremes und Süßspeisen und wird auch, weil er nicht gerinnt, zum Binden von warmen Soßen, Suppen, Schmor- und Gemüsegerichten verwendet.

Panna cotta mit Erdbeeren

Hauptsaison für Erdbeeren: Mitte Mai bis Juli

FÜR 8 PORTIONEN
Panna cotta: *2 Bourbon-Vanilleschoten, 1 l Schlagsahne, 100 g Zucker, 2 Eßl. Orangenlikör oder Orangensaft, 8 Blatt weiße Gelatine;*
Erdbeeren: *600 g Erdbeeren, 100 ml Orangensaft, 2 Eßl. Agavensirup, evtl. 2–3 Eßl. Orangenlikör; Puderzucker zum Bestäuben.*

Panna cotta: Die Vanilleschoten längs aufschneiden und das Mark mit dem Messerrücken herauskratzen. Vanillemark und -schoten, Sahne und Zucker bei kleiner Hitze etwa zehn Minuten im offenen Topf kochen. Vanilleschoten herausnehmen und Orangenlikör dazugießen. Sahne von der Kochstelle nehmen und etwas abkühlen lassen. → Gelatine einweichen, herausheben, etwas ausdrücken und in die warme Sahne rühren. Die Sahne-Mischung in acht kleine Förmchen oder Tassen gießen und über Nacht im Kühlschrank fest werden lassen.

Erdbeeren: → Erdbeeren gründlich abspülen, abtropfen lassen, putzen und in Scheiben schneiden. Orangensaft, Agavensirup (→ Seite 81) und eventuell Orangenlikör vermischen und über die Erdbeeren träufeln. Panna cotta mit einem spitzen Messer vom Förmchenrand lösen oder ganz kurz in heißes Wasser tauchen und sofort stürzen. Mit Erdbeeren anrichten, den Teller mit Puderzucker bestäuben.

Fertig in: 30 Minuten, über Nacht kühlen

Variation: Für Panna cotta können Sie statt Orangenlikör oder -saft andere aromatische Liköre, Sirup oder Säfte nehmen. Eine große Auswahl an Säften und Sirupen gibt es in den Spirituosenabteilungen der Kaufhäuser und im Reformhaus.

ERDBEEREN sind empfindliche Früchte. Sie werden daher auf den Feldern meistens mit Pflanzenschutzmitteln behandelt. Deshalb müssen Sie sie gründlich lauwarm waschen, dürfen sie aber nicht im Wasser liegen lassen, sie saugen sonst zuviel Wasser auf. Kalt abspülen und erst nach dem Abtropfen den Stielansatz abzupfen.

GELATINE sorgt für den festen Stand von Gelee, Creme und Aspik (Sülze). Im Handel sind rote und weiße Blattgelatine und Gelatine in Pulverform. Gelatineblätter lassen sich besser portionieren: Gelatine gut fünf Minuten in kaltem Wasser einweichen, dabei sollten die Blätter vollständig von Wasser bedeckt sein. Gelatine herausheben, ausdrücken und tropfnaß in die heiße Speise rühren. Für kalte Speisen in einen kleinen Topf geben und bei schwacher Hitze unter Rühren (Holzlöffel) auflösen, bis sie glatt und flüssig ist. Nun etwas von der kalten Speise in die aufgelöste Gelatine rühren und erst dann die Gelatine sorgfältig in die zu bindende Speise einrühren. **Wichtig:** Gelatine nicht kochen, sonst verliert sie ihre Gelierfähigkeit. Pulvergelatine nach Packungsanweisung auflösen. Gelatine kann keine Speisen mit roher Ananas oder Kiwi binden. Diese Früchte enthalten ein Enzym, das Gelatine abbaut.

Pfirsich-Johannisbeer-Crumble ×

Hauptsaison für Pfirsiche und Johannisbeeren: Mitte Juni bis August

FÜR 5 PORTIONEN
250 g frische rote Johannisbeeren (oder TK-Beeren, unaufgetaut),
750 g frische Pfirsiche oder aus der Dose (ca. 700 g);
Butter für die Form;
Crumbles: *100 g gemahlene Mandeln, 100 g Vollrohrzucker,*
2 Päckchen Vanillezucker, Jodsalz, 1 Messerspitze gemahlener Zimt,
150 g Apfel-Zimt-Knuspermüsli (oder anderes Müsli), 120 g Butter.

Johannisbeeren unter fließendem Wasser abspülen, abtropfen lassen, dann die Beeren mit einer Gabel von den Stielen streifen. → Pfirsiche abziehen oder Dosenfrüchte auf einem Sieb abtropfen lassen. Alle Früchte in eine gefettete Pie- oder Auflaufform (Durchmesser 25 cm) geben. Backofen auf 175 Grad, Umluft 150 Grad, Gas Stufe 2 vorheizen.

Crumbles: Mandeln, Zucker, Vanillezucker, eine Prise Jodsalz, Zimt und Müsli in einer großen Schüssel vermischen. Butter bei kleiner Hitze schmelzen und kurz abkühlen lassen. Zur Müslimischung geben und mit dem Knethaken des Handrührers auf allerhöchster Stufe zu groben Streuseln verkneten; nicht glattrühren! Streusel über die Früchte verteilen. Auf der untersten Schiene des Backofens etwa 30 bis 35 Minuten backen; eventuell nach 15 Minuten mit Pergamentpapier abdecken, damit's nicht zu braun wird.

Dazu: Alles, was kalt ist (→ Crumbles)

Fertig in: 1 Stunde

PFIRSICHE ABZIEHEN

Zuerst die Haut mehrmals mit einem scharfen Messer von oben nach unten einritzen. Die Pfirsiche auf einem Schaumlöffel in kochendes Wasser halten, bis sich die Haut löst. Bei reifen Früchten geht das in Sekunden. Anschließend in vorbereitetes Eiswasser (eiskaltes Wasser und Eiswürfel) tauchen. Früchte herausnehmen und die Haut abziehen. Dann halbieren und entsteinen. Genauso können Sie Nektarinen abziehen.

CRUMBLES kommen aus England und sind warme Obstdesserts, fast schon Kuchen. Das Besondere an einem Crumble ist die dicke Schicht knuspriger Streusel, die ihnen den Namen gegeben haben. Sie halten die Früchte saftig. Crumbles kann man das ganze Jahr über machen; gibt`s keine frischen Früchte, nimmt man TK-Früchte oder Obst aus Dosen und Gläsern.
Zu warmen Crumbles schmeckt alles, was aus Milch und eiskalt ist: Vanilleeis und gut gekühlte Schlagsahne, Vanillesoße, Joghurt, Crème fraîche, Schmand (→ Seite 124) oder Crème double. In USA heißen solche Obstdesserts übrigens „Crisps".

Kirsch-Marzipan-Crumble

Hauptsaison für Sauerkirschen: Juli bis Mitte September

FÜR 4 PORTIONEN

600 g Sauerkirschen (z. B. Schattenmorellen; ersatzweise unaufgetaute TK-Kirschen oder abgetropfte Kirschen aus dem Glas); Fett für die Form;
Crumbles: *100 g Marzipanrohmasse, 100 g Zucker, Jodsalz, 5 Eßl. Haferflocken, 5 Eßl. Sonnenblumenkerne, 100 g Mehl, 150 g Butter oder Margarine, Puderzucker zum Bestreuen.*

Kirschen waschen und abtropfen lassen. Mit einem Kirschentsteiner die Kirschkerne entfernen oder die Kirschen mit einem spitzen Messer bis zum Kern einschneiden und den Kern entfernen. Kirschen in eine gefettete Auflaufform (Durchmesser 25 cm) geben. Backofen auf 200 Grad, Umluft 170 Grad, Gas Stufe 3 vorheizen.

Crumbles: Marzipan in kleine Stücke schneiden und mit Zucker, einer Prise Jodsalz, Haferflocken, Sonnenblumenkernen und Mehl vermischen. Butter bei kleiner Hitze in einer Stielpfanne schmelzen und kurz abkühlen lassen. Flüssige Butter zur Marzipanmischung geben und unter Rühren mit den Knethaken des Handrührers auf allerhöchster Stufe zu groben Streuseln verkneten, auf keinen Fall glattrühren! Über die Kirschen streuen und im Backofen auf der untersten Schiene etwa 35 Minuten backen. Zum Servieren mit Puderzucker bestreuen.

Fertig in: 1 Stunde

Dazu: Kalte Vanillesoße

500 g Vanille-Joghurt, 2 Päckchen Vanillezucker und 500 ml Buttermilch verrühren. Eiskalt zum Crumble servieren.

Kokos-Crumble

Hauptsaison für Birnen und Weintrauben: August bis Oktober

FÜR 5 PORTIONEN

3 große Birnen à 180 g, 500 g kernlose Weintrauben, 1 Orange, 1 Zitrone, 2 Bananen; Fett für die Form;
Crumbles: *100 g Butter, 160 g Kokoszwieback (Supermarkt), 40 g kernige Haferflocken, 100 g Kokosraspel.*

Birnen abspülen, trockentupfen, vierteln und entkernen. Weintrauben waschen und abtropfen lassen. Orange und Zitrone auspressen. Bananen schälen und in große Stücke schneiden. Obst und Zitrussaft vermischen und in eine gefettete Auflaufform (Durchmesser 28 cm) geben. Backofen auf 175 Grad, Umluft 150 Grad, Gas Stufe 2 vorheizen.

Crumbles: Butter bei kleiner Hitze schmelzen. Abkühlen lassen. Kokoszwieback in kleine Stücke brechen und mit Haferflocken und Kokosraspeln vermischen. Mit der flüssigen Butter verrühren. Streusel über die Früchte verteilen. Im Backofen auf der untersten Schiene etwa 30 Minuten backen. Wenn die Streusel zu schnell braun werden, schon nach zehn Minuten mit Pergamentpapier abdecken, sonst erst ein wenig später.

Fertig in: 50 Minuten

Dazu: Zitronenschaumsoße

300 g Zitronen-Joghurt und 200 ml Kefir verrühren. 200 g Schlagsahne und 1 Eßl. Zucker steif schlagen und unter den Joghurt rühren. Kalt servieren.

Verführerisches aus aller Welt: Multikulti

Gerichte aus aller Herren Länder zu genießen, das ist für uns schon fast eine Selbstverständlichkeit. Aber haben Sie Sushi, orientalische Vorspeisen oder ganz verschieden gefüllte Tacos schon mal zu Hause zubereitet? Das ist gar nicht schwierig und macht richtig Spaß. Ihre Freunde werden begeistert sein, wenn Sie sie mit „Ethnic food" verwöhnen!

Nigiri-Sushi (Garnelen- und Lachs-Sushi)

5 rohe Riesengarnelen ohne Kopf und Schale, Jodsalz, 10–12 Eßl. fertiger Sushi-Reis (→ Rezept Seite 131), 5 hauchdünne Scheiben frisches Lachsfilet oder Räucherlachs.

Die Riesengarnelen am Nackenende (Rücken) aufschneiden, den schwarzen Darm vorsichtig herausziehen (→ Seite 112), der Länge nach auf Schaschlikspieße stecken (damit sie gerade bleiben) und in siedendem Salzwasser zwei bis drei Minuten kochen. Garnelen auf dem Spieß abkühlen lassen. Jede Garnele am Bauch aufschneiden, auseinanderdrücken, mit Sushi-Reis füllen und fest zusammendrücken. Lachsscheiben in die flache Hand legen, mit Sushi-Reis füllen und zu kleinen Paketen zusammendrücken.

Fertig in: 20 Minuten

Shoga gari× (Marinierter, eingelegter Ingwer)

100 g ganz frischer Ingwer, Jodsalz, 200 ml Reiswein-Essig, 4 Eßl. Zucker.

Ingwer (→ Seite 111) mit dem Sparschäler schälen, in hauchdünne Scheiben schneiden, salzen und abgedeckt über Nacht stehen lassen. Ingwer gut abspülen. Essig, einen Teelöffel Jodsalz, Zucker und 100 ml Wasser aufkochen. Ingwer dazugeben und fünf Minuten kochen. Im Sud erkalten lassen und zu Sushi servieren.

Fertig in: 20 Minuten, über Nacht stehen lassen

Sushi mit Lachs und Gurke

70 g frisches Lachsfilet ohne Haut und Gräten, Saft von 1/2 Zitrone, 1/4 Salatgurke, 4 grüne Algenblätter (Nori-Blätter; → Sushi Seite 131), 250 g fertiger Sushi-Reis (→ Rezept Seite 131), Wasabi (→ Sushi) oder 1 Eßl. weißer Meerrettich aus Glas oder Tube.

Den eiskalten Lachs in dicke Streifen schneiden, mit Zitronensaft beträufeln. Gurke schälen, der Länge nach halbieren, die Kerne mit einem Teelöffel herauskratzen und die Gurke der Länge nach in dicke Streifen schneiden. Lachs und Gurke (anstelle von Surimi und Avocado) wie im Grundrezept Kalifornische Sushi (→ Seite 131) weiterverarbeiten.

Fertig in: 20 Minuten

TIP: Fisch immer gut gekühlt verwenden

TIP: Marinierter, eingelegter Ingwer und grüner Meerrettich wirken antibakteriell. Sie gehören daher zu allen japanischen Gerichten aus rohem Fisch. Er ist so besser verträglich.

GRUNDREZEPT

Kalifornische Sushi

5-6 Surimisticks (etwa 70 g), 1/2 reife Avocado, 2 Teel. Zitronensaft, 4 grüne Algenblätter (Nori-Blätter, → Sushi), 250 g fertiger Sushi-Reis (→ Rezept unten), Wasabi (grüner Meerrettich → Sushi) oder 1 Teel. weißer Meerrettich aus Glas oder Tube; eine Bambusmatte zum Aufrollen der Sushi (→ Sushi).

Surimisticks (→ Seite 45) längs halbieren. Avocado schälen, das Fruchtfleisch in lange dünne Streifen schneiden und mit Zitronensaft beträufeln. Jeweils ein Algenblatt mit der glänzenden Seite nach unten auf die Bambusmatte legen. Etwa 2,5 cm breit vom Blattrand entfernt mit nassen Händen einen etwa 3 cm breiten flachen Reisstreifen geben. Mit ganz wenig Wasabi oder weißem Meerrettich hauchdünn bestreichen. Avocado- und Surimistreifen darauflegen, mit Reis bedecken (→ Foto). Die Matte vorsichtig anheben, die Füllung mit den Fingern etwas festhalten und mit Hilfe der Matte die Füllung mit dem Algenblatt umrollen. Das Blatt soll nur einmal die Füllung umhüllen, deshalb den überstehenden Streifen bis auf eine Nahtstelle von etwa 1 cm abschneiden. Nahtstelle mit Wasser befeuchten und durch das Rollen mit Hilfe der Matte festdrücken. Die Matte abnehmen, die Sushi-Rolle mit einem scharfen, in kaltes Wasser getauchten Messer in sechs bis acht Stücke schneiden. Die restlichen Algenblätter und Zutaten ebenso verarbeiten.

Fertig in: 25 Minuten

SUSHI sind mit Essig gesäuerte Reishappen. Sie werden mit rohem oder mariniertem Fisch, Seafood, Fleisch, Ei, Gemüse, Pilzen oder Algen zubereitet und können als Vorspeise, Imbiß oder mit einer Suppe als Hauptgericht gegessen werden. Typische Zutaten sind: Sushi- oder Klebreis, Reiswein-Essig, Wasabi (grüner japanischer, sehr scharfer Meerrettich in Tuben oder als Pulver zum Anrühren), Nori (Algenblätter), japanische Sojasoße. Alles bekommen Sie im gutsortierten Lebensmittelhandel oder sonst in jedem Asien-Shop. Dort gibt es auch Stäbchen und Bambusmatten, die Sie zum Aufrollen der Sushi brauchen. Auch eingelegten Ingwer können Sie dort kaufen. Sushi werden zum Essen in Sojasoße getunkt. Dafür etwas Sojasoße in eine kleine Schale gießen, mit wenig Wasabi verrühren. Wasabi ist ziemlich scharf, deshalb mit kleinen Mengen beginnen.

Klebreis für Sushi×

100 g Kleb- oder Sushi-Reis, 4 Eßl. Reiswein-Essig, 1/4 Teel. Jodsalz, 1 Teel. Zucker.

Reis auf ein Sieb geben und unter kaltem Wasser so lange waschen, bis das Wasser klar abläuft. 30 Minuten auf dem Sieb abtropfen lassen. Reis mit 300 ml Wasser aufkochen; im geschlossenen Topf auf der ausgeschalteten Kochstelle 15 Minuten quellen lassen (bei Gas nach dem Aufkochen fünf Minuten bei kleiner Hitze garen und zehn Minuten quellen lassen). Dann ein Geschirrtuch zwischen Topf und Deckel legen und weitere 15 Minuten quellen lassen. Essig, Jodsalz und Zucker aufkochen, von der Kochstelle nehmen und abkühlen lassen. Den Reis mit dem gewürzten Essig verrühren und lauwarm abkühlen lassen. Ergibt 250 Gramm Sushi-Reis.

Fertig in: 40 Minuten, ohne Abtropfen

TIP: Falls auf der Sushi-Reis-Packung eine andere Zubereitung empfohlen wird, sollten Sie sich danach richten.

Auberginenmus

1 Bund glatte Petersilie, 1 kg Auberginen, 3 Knoblauchzehen, 3 Eßl. Sesamsaat, 3 Eßl. Tahin, 1–2 Teel. Zitronensaft, 2 Eßl. Joghurt, Jodsalz, frisch gemahlener Pfeffer, 1 große Tomate, Chilipulver.

Backofen auf 250 Grad, Umluft 220 Grad, Gas Stufe 5 vorheizen. Petersilie abspülen, trockentupfen, grob hacken. Auberginen abspülen, trockentupfen, mit einem spitzen Messer mehrmals einstechen und auf einem Ofenrost (Fettpfanne darunter) im Backofen etwa 40 Minuten garen, bis sie ganz weich sind. Die Haut abziehen, das Fruchtfleisch mit einem Löffel aus der Schale lösen und mit zerdrücktem Knoblauch und Petersilie (einen Eßlöffel für später beiseite nehmen) mit dem Schneidstab des Handrührers oder im Mixer pürieren. Sesamsaat in einer Pfanne ohne Fett kurz anrösten. → Tahin, Zitronensaft, Joghurt und Sesam unter das Auberginenmus rühren. Mit Jodsalz und Pfeffer abschmecken. Tomate fein würfeln, mit restlicher Petersilie und etwas Jodsalz vermischen. Auberginenmus gut gekühlt mit den Tomatenwürfeln und einer Prise Chilipulver servieren.

Fertig in: 1 Stunde

MEZZE oder Mazza – das sind kalte und warme orientalische Appetithappen, die im Nahen Osten als Vorspeise gleichzeitig serviert werden und in vielen kleinen Schüsselchen auf den Tisch kommen. Dazu gehört immer: Rohkost, Gemüse, außerdem Joghurt-, Quark- und Mus-Spezialitäten und frisch aufgebackenes Fladenbrot. Mezze kann eine ganze Mahlzeit ersetzen und ist ideal für Gäste.

Kichererbsenpüree

1 Dose Kichererbsen (520 g), Saft von 1 Limette, 2 Knoblauchzehen, 4 Eßl. Tahin, Jodsalz, 1 Teel. Kurkuma (Gelbwurz), 1/2 Teel. Kumin (Kreuzkümmel), 1/2 Teel. Edelsüß-Paprika, 2 Eßl. Olivenöl, 2–3 Zweige Petersilie.

Kichererbsen auf ein Sieb geben, dabei Dosenflüssigkeit auffangen. Kichererbsen kalt abspülen, abtropfen lassen, mit Limettensaft, zerdrücktem Knoblauch und → Tahin mit dem Schneidstab des Handrührers oder im Mixer pürieren. Wenn das Püree zu fest wird, etwas Dosenflüssigkeit zufügen. Püree mit Jodsalz, Kurkuma, Kumin und Paprika abschmecken und in eine Schüssel geben. Öl mit etwas Paprika verrühren und über das Püree träufeln. Gehackte Petersilie darüberstreuen

Fertig in: 15 Minuten

TAHIN ist eine ölige Paste aus zerdrückten Sesamsamen, die im vorderen Orient seit Jahrhunderten hergestellt und geschätzt wird. Gibt's bei uns meist im Naturkosthandel oder beim Türken.

YUFKA, hauchdünne, runde oder dreieckig geschnittene Strudelteigblätter, küchenfertig eingeschweißt, gibt es in türkischen Läden. Sie sind einfach zu verarbeiten und entsprechen dem griechischen Fillo-Teig. Aus Yufka-Blättern wird auch das türkische Nationaldessert Baklava hergestellt.

Blumenkohl mit Piment-Dip

1 Blumenkohl (800 g), Jodsalz, Öl zum Ausbacken;
Piment-Dip: *2 rote Zwiebeln, 2 Eßl. Olivenöl, 5 Eßl. Korinthen, 2 Eßl. Currypulver, 1 Teel. grob gemahlener Piment, 3/8 l Apfelsaft, 250 g Crème fraîche, Jodsalz.*

Blumenkohl putzen, Strunk entfernen, in kleine Röschen teilen. 20 Minuten in kaltes Salzwasser legen, abtropfen lassen und gründlich trockentupfen. In heißem Öl goldgelb fritieren (→ Seite 79), auf Küchenkrepp abtropfen lassen.
Piment-Dip: Zwiebeln schälen, fein würfeln und in Olivenöl glasig dünsten. Korinthen, Curry und Piment zugeben und kurz andünsten. Apfelsaft zugießen und in der offenen Pfanne bei kleiner Hitze zehn Minuten dünsten. Abkühlen lassen, Crème fraîche unterrühren und mit Jodsalz abschmecken. Piment-Dip über die Blumenkohlröschen verteilen.

Fertig in: 45 Minuten

Teigröllchen mit Kräuter-Schafkäse

Je 1/2 Bund glatte Petersilie und Schnittlauch, 1 Bund Koriander, 2 Knoblauchzehen, 200 g Schafkäse; 1 Paket Yufka-Teig-Dreiecke, Öl zum Fritieren, 1 unbehandelte Zitrone.

Kräuter abspülen, trockentupfen und fein hacken. Knoblauchzehen abziehen. Schafkäse, Kräuter und zerdrückten Knoblauch zu einer Masse vermengen. Die Yufka-Blätter (→ Seite 132) ausbreiten und mit Wasser bestreichen. Jeweils einen Eßlöffel Füllung auf der breiten Seite der Teigblätter verteilen. Zuerst die breite Seite, dann die Seitenränder etwa 2 cm über die Füllung klappen und die Teigblätter weiter aufrollen. In einer großen Pfanne Röllchen portionsweise etwa drei Minuten fritieren (→ Seite 79), auf Küchenkrepp abtropfen lassen, mit Zitronenachteln servieren.

Fertig in: 1 Stunde

Chili-Kartoffelsalat

500 g Kartoffeln, Jodsalz, 1 Eßl. Kümmel;
Salatsoße: *4 Eßl. Olivenöl, Saft von 1 Limette, 2 Knoblauchzehen, Jodsalz; 1 Bund glatte Petersilie, 3 getrocknete Chilischoten, 2 Lauchzwiebeln, 2 Eßl. Sesamsaat.*

Kartoffeln unter fließendem Wasser gründlich abbürsten, abspülen und in einen Topf geben. Einen Teelöffel Jodsalz und Kümmel zugeben, mit Wasser bedecken und 20 Minuten kochen. Abgießen und noch heiß schälen.
Salatsoße: Olivenöl, Limettensaft, zerdrückten Knoblauch und Jodsalz verrühren. Kartoffeln in Stücke schneiden. Petersilie abspülen, trockentupfen und grob hacken. Chilischoten im Mörser zerkleinern. Von den Lauchzwiebeln die welken Blätter entfernen, die Wurzelenden abschneiden und Lauchzwiebeln in feine Ringe schneiden. Alle Zutaten vermischen und kühl stellen. Sesamsaat in einer Pfanne ohne Fett rösten und vor dem Servieren über den Salat streuen.

Fertig in: 30 Minuten

Gefüllte Datteln

8 große getrocknete Datteln (200 g), 8 Scheiben Pastirma (türkischer getrockneter Rinderschinken mit Knoblauch; ersatzweise Bündner Fleisch) 8 Walnußkerne.

Datteln seitlich aufschlitzen und entkernen. Je eine Schinkenscheibe aufrollen und mit einem Walnußkern in eine Dattel klemmen. Holzspieße dazu legen oder Datteln aufspießen.

Fertig in: 10 Minuten

Tacos mit Hähnchenfleisch

Gehaltvoll

FÜR 4 TACOS ALS HAUPTGERICHT,
FÜR 8 ALS SNACK

1 gegrilltes Brathähnchen, 3 Lauchzwiebeln, 1 kleine Dose Maiskörner (140 g), 1/2 Teel. gemahlener Koriander, frisch gemahlener Pfeffer, einige Spritzer Zitronensaft, 1/2 Eisbergsalat, 3 Tomaten, 8 Taco-Shells, Tomaten-Salsa (→ Rezept Seite 135), 8 Teel. Crème fraîche, 100 g geriebener mittelalter Gouda-Käse.

Vom Brathähnchen die Haut und die Knochen entfernen, Fleisch in lange Stücke zupfen. Von den Lauchzwiebeln die welken Blätter entfernen, die Wurzelenden abschneiden. Lauchzwiebeln längs halbieren, in 3 cm lange Streifen schneiden und mit dem Hähnchenfleisch, abgetropften Maiskörnern, Koriander, Pfeffer und Zitronensaft vermischen. Vom Eisbergsalat (→ Seite 14) die äußeren Blätter entfernen, Strunk herausschneiden und Salatblätter in feine Streifen schneiden. Tomaten abspülen, trockenreiben und in Scheiben schneiden. Aufgebackene → Taco-Schalen mit Hähnchenfleisch, Tomaten und Salat füllen. Auf jeden Taco Tomaten-Salsa, Crème fraîche und geriebenen Käse verteilen.

Fertig in: 45 Minuten

TACOS sind gefüllte Tortillas (Maisfladen), die es in Mexiko an jeder Ecke zu kaufen gibt und aus der Hand gegessen werden. Fast authentisch sind bei uns die knusprigen Taco-Shells, die man nur noch aufbacken und füllen muß. Beim Aufbacken die Taco-Shells mit der offenen Seite nach unten auf das Backblech stellen, sonst klappen sie zusammen, und man kann sie nicht mehr füllen.

Tacos mit Bohnenmus und Käse ×

Herzhaft

FÜR 8 TACOS

150 g körniger Frischkäse, 1/2 Eisbergsalat, 2 Lauchzwiebeln, 1 kleine Dose Maiskörner (140 g), 3 Möhren, 1/2 Salatgurke, 8 Taco-Shells, Bohnenpüree (→ Rezept Seite 24), Tomaten-Salsa (→ Rezept Seite 135), 8 Teel. Crème fraîche, etwa 100 g geriebener mittelalter Gouda-Käse.

Frischkäse (→ Seite 91) auf einem Sieb abtropfen lassen. Vom Eisbergsalat die äußeren Blätter entfernen, Strunk herausschneiden, die Salatblätter in feine Streifen schneiden. Von den Lauchzwiebeln die welken Blätter entfernen, die Wurzelenden abschneiden, Lauchzwiebeln in feine Ringe schneiden. Salat, Lauchzwiebeln und abgetropfte Maiskörner vermischen. Möhren schälen und längs in dünne Streifen schneiden. Gurke heiß abspülen, trockenreiben und in Scheiben schneiden. Aufgebackene → Tacos mit je zwei Eßlöffeln Bohnenpüree, Frischkäse, Möhren, Gurken und Salat füllen. Auf jeden Taco Tomaten-Salsa, Crème fraîche und geriebenen Käse verteilen.

Fertig in: 35 Minuten

Avocadopüree

Gesund

FÜR 4 BIS 6 PORTIONEN ALS DIP
3 kleine Tomaten, 2 Knoblauchzehen, 1 kleine Zwiebel, Saft von 1–1 1/2 Limetten, 2 reife Avocados, 1/2 Bund Koriander, 1/2 Teel. Jodsalz, einige Tropfen Tabasco.

Tomaten abspülen, trockenreiben und die Stielansätze herausschneiden. Knoblauch und Zwiebel abziehen. Tomaten, Knoblauch und Zwiebeln in grobe Stücke schneiden und mit einem Eßlöffel Limettensaft mit dem Schneidstab des Handrührers oder im Mixer pürieren. Oder ohne Saft mit einem großen Messer fein hacken, dann Limettensaft später zugeben. → Avocados halbieren, Steine entfernen und das weiche Fruchtfleisch mit einem Löffel herauslöffeln. Sofort mit einigen Tropfen Limettensaft beträufeln, damit das Fruchtfleisch nicht braun wird. Fruchtfleisch mit einer Gabel zerdrücken oder mit dem Pürierstab pürieren. Koriander abspülen, trockentupfen, fein hacken und mit Avocado- und Tomatenpüree verrühren. Püree (mexikanisch: Guacamole) mit Limette, Jodsalz und Tabasco abschmecken. Damit es nicht braun wird, mit Frischhaltefolie verschließen und kalt stellen.

Fertig in: 20 Minuten

Tomaten-Salsa

Schnell und einfach

FÜR 8 TACOS ODER ZUM DIPPEN MIT TORTILLA-CHIPS
1 kleine Zwiebel, 2 Knoblauchzehen, 1 kleine Dose passierte Tomaten (425 g), 2 Eßl. Tomatenmark, 1/4 Teel. Jodsalz, 1 Eßl. Olivenöl, Tabasco, 1/2 Bund Koriander.

Zwiebel und Knoblauchzehen abziehen, fein würfeln und mit Tomaten, Tomatenmark, Jodsalz und Öl verrühren. Mit Tabasco scharf abschmecken. Koriander abspülen, trockentupfen, fein hacken und über die Soße streuen.

Fertig in: 10 Minuten

AVOCADO: Eine Steinfrucht mit großem Kern, je nach Sorte ist die Haut hell- bis dunkelgrün oder fast schwarz. Das Fruchtfleisch ist weich, nicht süß. Avocados werden unreif geerntet; wenn sie auf leichten Druck nachgeben, sind sie eßreif. Unreife Avocados in Zeitungspapier einwickeln und bei Zimmertemperatur etwa zwei Tage liegen lassen. Reife Avocados halten sich vier bis sieben Tage im Gemüsefach des Kühlschranks. Um Druckstellen zu vermeiden, dürfen sie nicht übereinanderliegen.

9. KAPITEL **FÜR GUTE FREUNDE**

Besonderes für gute Freunde

Im letzten Kapitel schlagen wir Ihnen Rezepte vor, die es Ihnen leicht machen, Freunde zu bewirten. Wenn Sie zum Beispiel italienische Vorspeisen fix und fertig vorbereiten, können Sie den Abend ganz entspannt genießen. Auch ein chinesisches Fondue ist für alle sehr gemütlich. Party-Vorbereitungen lassen sich auch aufteilen: Einige Salate (Seite 144/145) oder Snacks könnten Ihre Gäste mitbringen. Und der ultimative Sommer-Hit: eine echte Paella – gemeinsam auf offenem Feuer zubereitet. Wie das geht, steht auf Seite 143.

Geschmorte Auberginen

FÜR 6 BIS 8 PORTIONEN
1 Aubergine (etwa 600 g), Jodsalz, 2–3 Tomaten, 2 Knoblauchzehen, 3 Eßl. Aceto balsamico (Balsamessig), 150 ml Gemüsebrühe (Instant), 4–5 Eßl. Olivenöl, frisch gemahlener Pfeffer, 50 g echter Parmesankäse.

Aubergine abspülen, trockentupfen und in kleine Stücke schneiden. Mit Jodsalz bestreuen und zehn Minuten stehen lassen. Tomaten abspülen, Stielansätze herausschneiden und Tomaten fein würfeln. Knoblauch abziehen. Essig, Brühe, zwei Eßlöffel Olivenöl, zerdrückten Knoblauch, Jodsalz und Pfeffer in einer großen Pfanne aufkochen. Auberginen unter kaltem Wasser abspülen, trockentupfen und in die Pfanne geben. Pfanne schließen und Auberginen acht Minuten schmoren. Tomaten und restliches Olivenöl dazugeben, Pfanne kurz schwenken und den Inhalt auf eine große Platte geben. Abkühlen lassen, dann mit gehobeltem Parmesankäse (→ Seite 34) bestreuen.

Fertig in: 25 Minuten

Staudensellerie mit Oliven

FÜR 6 BIS 8 PORTIONEN
1 Staudensellerie, Jodsalz, Saft von 1 Zitrone, Saft von 1 Orange, 1 Eßl. Ahornsirup, frisch gemahlener Pfeffer, 4–5 Eßl. Olivenöl, 8 schwarze Oliven ohne Stein, 2 Stiele Basilikum.

Vom Staudensellerie (→ Seite 145) das Wurzelende abschneiden. Selleriestangen eventuell schälen, in Scheiben schneiden und in Salzwasser eine Minute blanchieren. Kalt abspülen und abtropfen lassen. Zitronen- und Orangensaft, Ahornsirup, Jodsalz und Pfeffer verrühren. Olivenöl mit einer Gabel unterschlagen. Oliven grob hacken. Basilikum kurz abspülen und trockentupfen, Blättchen abzupfen. Sellerie und Oliven mit der Marinade verrühren und mindestens eine Stunde durchziehen lassen. Mit Basilikumblättchen bestreuen.

Fertig in: 20 Minuten, 1 Stunde Marinierzeit

Bohnen mit Salbei ˣ

FÜR 6 BIS 8 PORTIONEN

1 große Dose weiße Bohnen (500 g), 6 Eßl. Weißwein oder Gemüsebrühe , 4 Eßl. italienischer Weißwein-Essig, frisch gemahlener weißer Pfeffer, Zucker, Jodsalz, 1/2 Bund Salbei, 4 Knoblauchzehen, 8 Eßl. Olivenöl.

Bohnen auf einem Sieb abtropfen lassen. Fünf Eßlöffel Bohnenflüssigkeit abnehmen und mit Wein, Essig, Pfeffer, drei bis vier Prisen Zucker und Jodsalz verrühren. Salbeiblättchen von den Stielen zupfen. → Knoblauch abziehen und in dünne Scheiben schneiden. Öl in eine kleine Pfanne geben und bei mittlerer Hitze erhitzen. Salbei zugeben, unter Rühren knusprig braten. Knoblauch zugeben und kurz mitdünsten. Pfanne von der Kochstelle nehmen, Marinade zugießen, alles gut miteinander verrühren. Marinade und Bohnen vermischen und mindestens eine Stunde durchziehen lassen.

Fertig in: 20 Minuten, 1 Stunde Marinierzeit

KNOBLAUCH (Knofel, Stinkerzwiebel) ist eines der gesündesten Gewürze und aus den Küchen der Welt nicht wegzudenken. Seine heilsamen Wirkungen sind seit altersher bekannt und inzwischen wissenschaftlich belegt: Knoblauch ist ein wirksames Antibiotikum, er hilft gegen Pilze und Bakterien, bei denen gängige Medikamente versagen. Er senkt den Blutdruck, schützt Herz und Gefäße, regt den Kreislauf und die Verdauung an. Frischer Knoblauch ist prall, trocken und weiß. Knoblauch schmeckt bitter, wenn er zu stark gebräunt oder wenn der grüne Keim nicht entfernt wurde. Gegen den Mundgeruch helfen Milch, Rotwein, Äpfel, Honig und frische Petersilie.

Bruschetta mozzarella e pomodoro ˣ

FÜR 16 STÜCK

1 Ciabatta (italienisches Weißbrot), 3–4 Eßl. Olivenöl, Jodsalz, einige Blättchen frischer Oregano oder Basilikum, 400 g Tomaten, 400 g Mozzarella-Käse, frisch gemahlener Pfeffer, 4 Eßl. geriebener Parmesankäse.

Backofen auf 175 Grad, Umluft 150 Grad, Gas Stufe 2 vorheizen. Das Weißbrot in 16 etwas dickere Scheiben schneiden. Zwei Eßlöffel Olivenöl, Jodsalz und einen Eßlöffel fein gehackten Oregano verrühren und mit dem Backpinsel auf die Brotscheiben streichen. Brote auf dem Backblech verteilen. Tomaten am Stielansatz kreuzweise einritzen, mit heißem Wasser überbrühen und die Haut abziehen. Tomaten (→ Seite 27) entkernen und das Tomatenfleisch in feine Würfel schneiden. Den abgetropften Mozzarella in Scheiben schneiden. Mozzarella, Tomaten und restliche Oreganoblättchen auf den Broten verteilen. Etwas salzen, pfeffern und mit Olivenöl beträufeln. Parmesankäse (→ Seite 34) über die Brote streuen und im Backofen auf der mittleren Schiene etwa zehn Minuten backen, bis der Käse gleichmäßig geschmolzen ist.

Fertig in: 35 Minuten

Gewürzte Brühe für China-Fondue

2 l Gemüsebrühe (Instant),
1 kleine Porreestange, 2 Knoblauchzehen,
1 Stück frischer Ingwer (50 g),
2 Teel. Sojasoße, 2 Pimentkörner,
2 weiße Pfefferkörner.

Gemüsebrühe in einen mittelgroßen Topf geben. Vom Porree die welken Blätter entfernen, Wurzelende abschneiden und in feine Scheiben schneiden. Knoblauch abziehen, Ingwer (→ Seite 111) schälen, beides fein hacken. Porree, Knoblauch, Ingwer, Sojasoße, Piment- und Pfefferkörner in die Brühe geben und fünf Minuten kochen. Heiße Brühe in den Fonduetopf füllen und auf das Rechaud stellen.

Fertig in: 15 Minuten

Variante: Wenn Sie statt Gemüsebrühe Rinder- oder Hühnerbrühe (→ Seite 38) verwenden, schmeckt die Brühe noch würziger.

CHINESISCHES FONDUE ist die asiatische Fondue-Variante. Gemüse, dünne Fleisch- oder Geflügelscheiben, Fisch, Garnelen oder Tofu (→ Seite 141) garen hier nicht in Öl, sondern in einer gut gewürzten Brühe: Jeder taucht seine Zutaten mit einer Fonduegabel oder einem Fonduekörbchen in die Brühe. Die „Gabelbissen" werden dann mit Dips und Soßen gegessen. Zum Schluß bekommt jeder eine Schale kräftige Brühe mit Glasnudeln und frischem Koriander. Dazu paßt grüner Tee, auch schwarzer Tee ohne Milch und Zucker oder aromatisierter Tee.

TIP: Fürs China-Fondue braucht man: Einen Fonduetopf (2 l Inhalt) mit Rechaud. Ganz stilecht ist ein asiatischer (mongolischer) Feuertopf. Ein stabiler Kochtopf mit weiter Öffnung, der sicher auf dem Rechaud steht, reicht auch. Nützliche Eßwerkzeuge sind Eßstäbchen, Fonduegabeln, Fonduekörbchen aus Metall (preiswert, im Asia-Shop → Foto links), evtl. chinesische Porzellanlöffel für die Suppe.

Vegetarisches China-Fondue ✗

FÜR **4** BIS **6** PERSONEN
1 Paket TK-Blattspinat (300 g), 1/2 China- oder Wirsingkohl, Jodsalz, 100 g Sojabohnensprossen (frisch oder aus der Dose), 2 rote Paprikaschoten, 10 kleine Fingermaiskolben, 2 kleine Zucchini oder 350 g Brokkoli, 100 g braune Champignons oder Austernpilze, 200 g Tofu.

Spinat auf einem Sieb auftauen lassen, ausdrücken und etwas auseinanderzupfen. Vom Chinakohl den Strunk abschneiden, die äußeren Blätter eventuell entfernen. Restliche Kohlblätter lösen, in siedendem Salzwasser blanchieren, dabei bis 20 zählen, eiskalt abspülen und abtropfen lassen. Frische Sojabohnensprossen auf einem Sieb in siedendes Wasser tauchen. Langsam bis zehn zählen, abgießen. Sprossen aus der Dose abgießen und abtropfen lassen. Paprika, Maiskolben und Zucchini abspülen, trockentupfen. Paprika halbieren und entkernen, von den Zucchini die Stielenden abschneiden, beides in mundgerechte Stücke schneiden. Vom Brokkoli kleine Röschen abtrennen, in siedendem Salzwasser fünf Minuten kochen, abgießen und kalt abspülen. Champignons oder Austernpilze putzen. → Tofu in mundgerechte Stücke schneiden.

Sesam-Sojasoße zu Tofu ✗

2 Eßl. Sojasoße und 1 Eßl. geröstetes Sesamöl (→ Seite 39) verrühren. 2 Eßl. Sesamsamen in einer Pfanne ohne Fett bei mittlerer Hitze goldbraun rösten und in die Soße rühren.

Apfel-Curry-Soße ✗

1 Apfel schälen und reiben. Mit 1 Eßl. Zitronensaft, 2 Eßl. flüssigem Honig und 150 g Joghurt verrühren. Mit 1–2 Teel. Currypulver und Jodsalz abschmecken.

Dazu: Japanische oder chinesische Sojasoße oder süße indonesische Sojasoße (Ketjap manis), rote Chilisoße, süßsaure Soße oder chinesische Barbecuesoße (Satay Soße; Asiashop), oder wie – beim Fleisch-Fondue – Mayonnaise, Remoulade, Knoblauch- oder Grillsoßen, Meerrettich (→ auch Dips Seite 85).

Fertig in: 40 Minuten

Dazu: Nudelsuppe ✗
Etwa 50 Gramm Glasnudeln zehn Minuten in heißem Wasser einweichen. Mit einer Schere in etwa 10 cm lange Stücke schneiden und in der Fondue-Brühe etwa zwei Minuten garen. 1 Bund frischen Koriander fein hacken, auf die Suppe streuen und sofort servieren.

TOFU ist Sojabohnenquark. Er wird aus Sojabohnen hergestellt und – in Blöcke gepreßt – als vegetarische Alternative zu Fleisch, Fisch und Milchprodukten verwendet. Er ist eiweißreich, fettarm, liefert viele B-Vitamine, außerdem Vitamin E und Calcium. Tofu hat wenig Eigengeschmack, man kann ihn süß und salzig zubereiten: marinieren, braten, dünsten, grillen, kochen, panieren und ausbacken, als Suppeneinlage und für Salate, Aufläufe, Creme und Süßspeisen verwenden. Tofu können Sie, mit kaltem Wasser bedeckt, das Sie täglich wechseln müssen, im Kühlschrank eine Woche aufbewahren. Erhältlich ist er im Naturkosthandel, Reformhaus und in Supermärkten.

ESSSTÄBCHEN sind das typische Eßgerät der Asiaten. Das erste Stäbchen legt man in die Daumenbeuge und drückt es mit der Daumenmitte fest an die Fingerkuppe des Ringfingers. Das zweite Stäbchen hält man wie einen Bleistift zwischen Daumen und den Spitzen von Zeige- und Mittelfinger. Um die Stäbchen auf die gleiche Länge zu bekommen, beide Enden leicht auf Tisch oder Teller tippen. Nun kleine Bissen zwischen „Bleistift"-Stäbchen und fixiertes Stäbchen klemmen, mit der anderen Hand das kleine Eßschälchen in Mundhöhe führen und die Bissen in den Mund „schaufeln".

Paella auf dem offenen Feuer

Mal draußen essen

Für eine Paella auf dem offenen Feuer braucht man folgendes Küchen- und Grillzubehör:

- Eine Paellapfanne (Durchmesser 32 cm, preiswert, im Spanien-Import-Laden),
- einen großen Metall- oder Holzlöffel oder einen Pfannenwender,
- eine große Thermoskanne,
- Blasebalg, falls das Feuer nicht angehen sollte,
- Arbeitshandschuhe oder Topflappen für die heißen Metallgriffe,
- einen runden oder eckigen Grillrost oder den Grillrost aus dem Backofen,
- extrastarke Alufolie,
- Ziegelsteine mit Luftlöchern,
- Grillkohle-Anzünder (auf keinen Fall Benzin oder Spiritus!), reichlich Holzkohle, lange Streichhölzer,
- **und:** einen vollen Wasserkanister für den Notfall.

FÜR 6 BIS 8 PORTIONEN

1/4 l Essig und 3–4 Eßl. Öl für die Pfanne; 200 g spanische Chorizo-Wurst (ersatzweise Cabanossi oder andere geräucherte harte Knoblauch-Mettwürstchen), 1 Gemüsezwiebel, 5 Knoblauchzehen, je 2 rote und grüne Paprikaschoten, 2 Fleischtomaten, 5 Hähnchenkeulen (vom Fleischer im Gelenk teilen lassen), Jodsalz, frisch gemahlener Pfeffer, 9 Eßl. Olivenöl, 300 g Schweinesteak, 1 gehäufter Eßlöffel getrocknete Kräuter (Rosmarin, Oregano und Thymian), 500 g rohe Garnelenschwänze, 1 Paket TK-Erbsen (300 g), 600 g spanischer Rundkorn- oder Langkornreis, 2 Päckchen Colorante oder 2 Döschen Safranfäden, 6–7 Teel. Hühnerbrühe (Instant), 2 unbehandelte Zitronen.

Zu Hause vorbereiten: Paellapfanne mit Essig auswaschen, gut abtrocknen und mit Öl einreiben. Chorizo-Wurst mit einem spitzen Messer einstechen. In einen Topf geben, mit kaltem Wasser bedecken und bei großer Hitze aufkochen. Kochplatte ausstellen und die Wurst im Wasser etwa sieben Minuten ziehen lassen. Herausnehmen, abtropfen lassen und in Scheiben schneiden. (Cabanossi nicht brühen, sondern nur in Scheiben schneiden.) Gemüsezwiebel und Knoblauch abziehen und in feine Würfel schneiden. Paprika halbieren, entkernen, abspülen und in etwa 3 cm große Stücke schneiden. Tomaten abwaschen, trockenreiben, halbieren, Kerne herauskratzen und Fruchtfleisch in Stücke schneiden. Hähnchenteile abspülen, mit Küchenkrepp trockentupfen, mit Jodsalz und Pfeffer einreiben. Drei Eßlöffel Olivenöl in einer großen Pfanne erhitzen und die Hähnchenteile mit der Haut nach unten hineingeben. Gleichmäßig von allen Seiten goldbraun anbraten, das dauert etwa zehn Minuten. Herausnehmen, auf einen Teller zum Abkühlen legen. Alles Fett aus der Pfanne gießen. Schweinefleisch in kleine Würfel (etwa 1 cm) schneiden und in zwei Eßlöffel Olivenöl anbraten. Zwiebel, Knoblauch, Tomaten und Kräuter zugeben und unter Rühren so lange braten, bis fast keine Flüssigkeit mehr in der Pfanne ist, das dauert etwa acht Minuten. Fleisch-Gemüse-Mix abkühlen lassen. Garnelen abspülen und trockentupfen. In zwei Eßlöffel heißem Olivenöl von jeder Seite etwa eine Minute braten, bis sie rot werden. Für den Transport alle vorbereiteten

PAELLA (ausgesprochen paelja), ist ein typisch spanisches, goldgelbes Reisgericht, das in der flachen Paellapfanne serviert wird. Je nach Region wandert alles in die Paella, was Land, Meer und Seen hergeben. Spanischer Rundkornreis, angebaut in der Gegend um Albúfera, ist immer die Hauptzutat. Safran (→ Kasten Seite 146)) gibt dem Reis die goldgelbe Farbe. Der teure Safran wird häufig durch das Färbemittel Colorante ersetzt (gibt's bei uns im Spanien-Import-Laden).

Übrigens Eine „richtige" Paella muß über offenem Feuer gegart werden, denn nur dann bildet sich am Boden die äußerst begehrte, leckere Kruste, die sogenannte „socarrada". Eine Paella im Freien zu kochen ist kein Problem, denn der größte Teil der Zutaten wird zu Hause vorbereitet.

Zutaten getrennt in Plastikgefäße zoder Schraubgläser füllen. Alle anderen Zutaten abmessen und verpacken. Zum Schluß 1,3 Liter heißes Wasser mit Instantbrühe verrühren und in die Thermoskanne füllen.

So geht's draußen weiter: Holzkohlenfeuer wie unten beschrieben anzünden. Zwei Eßlöffel Olivenöl, Fleisch-Gemüse-Mix, Reis, zwei gehäufte Teelöffel Jodsalz und Colorante oder Safran in die Pfanne geben und gründlich verrühren. Paellapfanne auf den Rost setzen. Brühe in die Pfanne gießen und gründlich verrühren. Hähnchen und Wurstscheiben gleichmäßig in der Pfanne verteilen. Erbsen und Garnelen darüberstreuen und die Paella (ohne umzurühren!!) etwa 15 Minuten brodelnd kochen lassen, bis der Reis die Brühe aufgesogen hat. Paella vom Feuer nehmen, ein Tuch darüberdecken und etwa fünf Minuten ruhen lassen. Mit Zitronenachteln garnieren und servieren. Nach dem Auffüllen Zitronenachtel über dem Reis ausdrücken.

Zu Hause fertig in: etwa 2 Stunden;
draußen fertig in: etwa 40 Minuten

TIP: Wassermelone
ist der passende Nachtisch.

Eine Feuerstelle bauen:

Zuerst eine Fläche in der Größe der Paellapfanne mit Alufolie auslegen. Ziegelsteine drumherum aufstellen. Eine dicke Schicht Holzkohle (mindestens 10 cm hoch) in die Feuerstelle schütten. Reichlich Holzkohle-Anzünder darauf verteilen, mit langen Streichhölzern anzünden und etwa drei Minuten brennen lassen. Darauf die nächste Schicht Holzkohle geben und darauf achten, daß die Anzünder nicht gelöscht werden. Holzkohle so lange brennen lassen, bis sich an der Oberfläche weiße Asche bildet. Das kann bis zu einer Stunde dauern. Nun den Rost auf die Feuerstelle legen. Der Abstand zum Feuer sollte ca. 8–10 cm betragen. Natürlich kann man Paella auch auf dem heimischen Holzkohlengrill zubereiten. Voraussetzung: Der Grill steht sicher.

SAFRAN, dieses etwas bittere, farbintensive Gewürz ist fast so teuer wie Gold. Kein Wunder, denn die orangeroten Blütennarben (Safranfäden) werden in aufwendiger Handarbeit aus der Krokuspflanze gezupft und sorgfältig über heißer Glut getrocknet. Für 1 g Safran benötigt man 80 Blüten. Safran muß man, bevor er den Speisen beigegeben wird, in heißer Brühe, Milch, Wasser oder Wein auflösen. Nur dann entfaltet er sein Aroma.

Kalifornischer Nudelsalat

Fürs Büffet – auch zum Mitbringen

FÜR 8 PORTIONEN
250 g Farfalle-Nudeln oder andere kurze Nudeln, Jodsalz;
Salatsoße: *100 g Mayonnaise, 150 g Zitronen-Joghurt, Saft von 1 Orange, 5 Eßl. Milch, 2 Eßl. Tomatenketchup, Jodsalz, Tabasco, Worcestershiresoße, 250 g Kasseler Aufschnitt, 100 g Cashewkerne, 2 kleine gelbe Paprikaschoten, 3 Kiwis, 2 Äpfel.*

Nudeln (→ Seite 31) nach Packungsanweisung in Salzwasser garen.
Salatsoße: Mayonnaise, Joghurt, Orangensaft, Milch und Ketchup verrühren und mit Jodsalz, Tabasco und Worcestershiresoße (→ Seite 13) abschmecken. Kasseler in feine Streifen schneiden. Cashewkerne grob hacken. Paprika abspülen, trockenreiben, halbieren, entkernen, dann in kleine Stücke schneiden. Kiwis schälen, halbieren und in Scheiben schneiden. Äpfel heiß abwaschen, mit Küchenkrepp trockenreiben, Kerngehäuse entfernen und Apfelviertel in Scheiben schneiden. Alle Zutaten miteinander vermischen, 30 Minuten durchziehen lassen, dann den Salat noch einmal abschmecken.

Fertig in: 45 Minuten, 30 Minuten Kühlzeit

Variation: Noch knackiger wird der Salat durch kleine Lauchzwiebelwürfel oder Schnittlauchröllchen.

TIP: Nudeln nehmen viel Flüssigkeit auf, deshalb eventuell vor dem Servieren noch etwas Milch unter den Salat rühren, damit er saftiger ist.

Bunter Party-Salat

Fürs Büffet

FÜR 16 PORTIONEN
2 Bund Lauchzwiebeln, 1 Stück frischer Ingwer (30 g), 4 Eßl. Weißwein-Essig, 4 Eßl. Apfelsaft, 2 Eßl. flüssiger Honig, 2 Eßl. Chili-Ketchup, Jodsalz, frisch gemahlener Pfeffer, 8 Eßl. Öl; 1 großer Eisbergsalat, 1 Römersalat, 1 weißer Rettich, 2 Salatgurken, 2 rote Paprikaschoten, 2 rote Äpfel, 150 g frische Sojabohnensprossen.

Von den Lauchzwiebeln die welken Blätter entfernen, die Wurzelenden abschneiden, die Lauchzwiebeln sehr fein hacken. Ingwer (→ Seite 111) mit dem Sparschäler schälen und mit einem scharfen Messer fein hacken. Lauchzwiebeln, Ingwer, Essig, Apfelsaft, Honig, Chili-Ketchup, einen halben Teelöffel Jodsalz und Pfeffer verrühren. Öl mit einer Gabel unterschlagen. Von Eisberg- und Römersalat den Strunk und die äußeren Blätter entfernen. Salatköpfe auseinanderpflücken, waschen, trockenschleudern oder trockentupfen und in mundgerechte Stücke schneiden. Rettich schälen. Gurken, Paprika und Äpfel abspülen, trockenreiben. Gurken eventuell schälen. Paprika und Äpfel halbieren und entkernen. Gurken, Paprika und Äpfel in Stücke oder Scheiben schneiden. Sojabohnensprossen in siedendem Wasser zwei Minuten blanchieren, kalt abspülen, abtropfen lassen. Alle Salatzutaten und Salatsoße vermischen und sofort servieren.

Fertig in: 40 Minuten

TIP: Blattsalate so vorbereiten: Alle Salatzutaten in Tupperdosen oder fest verschlossenen Plastiktüten bis zum Servieren aufbewahren. Salatsoße in Schraubgläser füllen, vor dem Servieren durchschütteln und mit den anderen Zutaten vermischen.

SALATE FÜRS BÜFFET: Die richtige Menge zu bestimmen ist nicht ganz einfach: Man rechnet für Salate zum Sattessen, wie Reis-, Nudel-, Gemüse-, Kartoffelsalat oder gemischte Salate mit Fleisch, Aufschnitt, Fisch, Käse oder Ei etwa 150–200 Gramm pro Portion. Bei leichten Blattsalaten geht man von 100 Gramm pro Portion aus.

Kartoffelsalat ×

Fürs Grillfest

FÜR 10 PORTIONEN

2,2 kg festkochende Kartoffeln, 2 Teel. Jodsalz, 1 Teel. Kümmel, 2 Lorbeerblätter;
Salatsoße: *1 weiße Zwiebel, 1/4 l Gemüsebrühe (Instant), 8 Eßl. fertige Salatcreme, Saft von 2 Zitronen, Jodsalz, 1 Eßl. Zucker, weißer Pfeffer; 1 Staudensellerie, 1 Bund Minze, 3–4 Eßl. Kapern, weißer Pfeffer.*

Kartoffeln gründlich abbürsten. Mit Jodsalz, Kümmel und Lorbeerblättern in einen großen Topf geben, mit Wasser bedecken, im geschlossenen Topf aufkochen lassen und 20 Minuten bei mittlerer Hitze garen. Garprobe machen, Kartoffeln abgießen, heiß schälen und in Stücke schneiden.
Salatsoße: Zwiebel abziehen und fein würfeln. Gemüsebrühe, Salatcreme, Zitronensaft, Jodsalz, Zucker, Pfeffer und Zwiebelwürfel verrühren. Vom → Sellerie das Wurzelende abschneiden. Sellerie abspülen, trockentupfen und in feine Scheiben schneiden, Selleriegrün grob hacken. Minze abspülen, trockentupfen und ebenfalls grob hacken. Sellerie, Selleriegrün, Minze und Kapern (→ Seite 55) unter den Kartoffelsalat mischen und mindestens zwei Stunden durchziehen lassen. Mit Jodsalz, Zucker und Pfeffer abschmecken.

Fertig in: 1 Stunde 10 Minuten, 2 Stunden Kühlzeit

Variante: Wer keine Kapern mag, läßt sie weg oder mischt sauer eingelegte Maiskölbchen unter den Salat.

STAUDENSELLERIE ist saftiger, fruchtiger und zarter als Knollensellerie und daher ideal für Salat. Er verträgt sich mit Tomaten, grünem Salat, Paprika, Obst, Nüssen, Fleisch, Käse und Fisch. Sellerie ist sehr gesund: Er enthält Vitamine, Mineralstoffe und ätherische Öle, die den Stoffwechsel und die Gehirntätigkeit anregen, den Blutdruck senken, außerdem reichlich Ballaststoffe. Faulige Stellen sollten Sie großzügig abschneiden und die Blätter fein gehackt zum Schluß wie Kräuter über das Gericht streuen.

Kleines Küchenlatein von A bis Z

A

Abschmecken
Das sollte man vor dem Servieren immer tun – am besten mit den beim Kochen verwendeten Kräutern oder Gewürzen. Sparsam salzen! Es ist gesünder, Kräutern und Gewürzen eine Chance zu geben.

Abschrecken
Gemüse oder Ei mit kaltem Wasser abspülen, um den Garvorgang zu stoppen.

Aceto balsamico (Balsamessig)
Edler italienischer Essig aus süßen, weißen Trauben. Den typischen Geschmack erhält er durch jahrelange Lagerung im Holzfaß.

Alkohol
30 Minuten Gar- oder Backzeit sind mindestens nötig, um Bier, Wein oder Schnaps zu neutralisieren. Wer kurz vor Ende der Garzeit mit Alkohol abschmeckt, bekommt Promille frei Haus. Kochen Sie ohne Alkohol, wenn einer Ihrer Gäste nicht trinken darf oder wenn Kinder mitessen. Ersatz ist in den Rezepten angegeben.

Alufolie
Die glänzende Seite reflektiert die Wärme. Speisen zum Warmhalten mit der matten Seite nach außen einwickeln oder abdecken. Um Lebensmittel einzufrieren oder zu kühlen, mit der glänzenden Seite nach außen einwickeln.
Eine neue Alu-Zweischichtfolie ist säurebeständig, reißfest und haftet nicht am Lebensmittel. Alufolie ist recyclingfähig und gehört in das dafür vorgesehene Sammelsystem.

Anbrennen
Alles sofort in einen anderen Topf füllen, dabei den angebrannten Bodensatz als dicke Schicht im Topf lassen. Nicht essen, Verkohltes ist gesundheitsschädlich.

Auslassen
Speck oder reines Fett (Flomen) ohne weitere Fettzugabe ausbraten, bis das Fett flüssig ist (→ Speck auslassen).

Auslitern
Um die Größe einer Auflauf- oder Gratinform zu erfahren, brauchen Sie nur die Form mit Wasser zu füllen; Wasser in einen Meßbecher umfüllen und Inhalt ablesen.

B

Backtrenn- oder Backpapier
Spezialpapier; macht das Einfetten von Backformen und -blechen überflüssig. Kompostierbar.

Beizen (→ Marinieren)

Binden
Soße, Suppe, Ragout, etc. werden mit Mehlbutter, kalt angerührtem Mehl, Speisestärke oder Soßenbinder sämig angedickt (→ Legieren).

Blanchieren
Ganz kurzes Garen – meist von Gemüse – in kochendem Wasser/ Salzwasser. Danach sofort in Eiswasser oder unter kaltem Wasser kurz abschrecken (→ Abschrecken), um den Garvorgang zu stoppen.

Blindbacken
Eine mit Teig ausgelegte Törtchen-, Quiche- oder Springform wird mit Pergament- oder Backpapier ausgelegt, mit getrockneten Hülsenfrüchten (Bohnen, Erbsen, Linsen) gefüllt (damit der Teigboden flach bleibt) und vorgebacken.

Bohnen kochen
Frische grüne Bohnen enthalten den Eiweißstoff Phasin, in dem sich Spuren von Blausäure befinden. Dieses Gift wird durchs Kochen zerstört. Grüne Bohnen deshalb immer, wenn Sie sie für einen Salat verwenden wollen, mindestens fünf Minuten blanchieren (→ Blanchieren).

Brokkoli putzen
Röschen von den Stielen trennen. Wenn Sie mit einem Messer die Haut von den Stielen abziehen und die Stiele kreuzweise einschneiden, haben die dieselbe Kochzeit wie die Röschen. Sonst brauchen sie länger, um gar zu werden.

C

Champignons putzen
Waschen verboten! Pilze saugen sich voll Wasser, außerdem verlieren sie wertvolle Inhalts- und Geschmacksstoffe. An Zuchtpilzen haften nur wenige Erd- oder Sandkrümel, die man mit einem Kuchenpinsel, einer weichen Spülbürste oder einfach mit Küchenkrepp abreiben kann. Die Schnittfläche des Stielansatzes dünn abschneiden. Pilze erst nach dem Garen salzen.

Convenience food
So nennt man alle vorgefertigten, industriell hergestellten Lebensmittel (convenient = bequem).

Crème fraîche
Stichfeste Sahne aus Sauermilch mit 30 Prozent Fett. Sie ist kochfest, flockt nicht aus, und man kann sie nicht aufschlagen.

D

Dämpfen
Garen in Wasserdampf auf einem Dämpfeinsatz (Korb, Sieb) im geschlossenen Topf. Schont Nährstoffe und Vitamine. Statt Wasser kann man auch Wein, Brühe oder Fond verwenden.

Dünsten
Schonendes Garen im eigenen Saft, in wenig Fett und Flüssigkeit. Nach dem Andünsten wird im geschlossenen Topf fertig gedünstet.

E

Ei (Hühnereier)
Wertvolles und vielseitiges Nahrungsmittel. Im Kühlschrank aufbewahren. Eier nicht waschen oder abreiben, denn dadurch zerstört man die äußere dichte Eioberhaut, die verhindert, daß Salmonellen und andere Krankheitserreger durch die poröse Schale eindringen können. Diese Schutzschicht verliert sich mit der Zeit, deshalb Eier, die älter als fünf Tage sind, nur noch zum Kochen und Backen, nicht mehr roh verwenden. Eier der Güteklasse A, die nicht älter als sieben Tage sind, tragen eine Banderole mit dem Aufdruck: „Extra frisch“. Nach sieben Tagen muß die Banderole entfernt werden.

Einkochen (→ Reduzieren)

Entfetten
Eine dicke Lage Küchenkrepp auf den Fettspiegel (Suppe, Brühe) legen, vorsichtig abziehen und entfernen. Oder Gericht über Nacht abkühlen lassen, dann den erstarrten Fettspiegel mit einer Schaumkelle abheben.

Essig
Essigsorten sind unterschiedlich sauer. Probieren Sie jeden neu gekauften Essig. Grundregel für Salatsoßen: Auf ein Teil Essig gehören drei Teile Öl.

F

Fettspritzer
Wasserhaltige Fette wie Butter oder Margarine spritzen nicht, wenn man eine Prise Salz dazugibt.

Filetieren/Filieren
Filets aus Knochen oder Gräten lösen. Segmente aus den Trennhäuten der Zitrusfrüchte schneiden.

Fond
Basis-Flüssigkeit für Suppen oder Soßen, die durch intensives Kochen, Braten oder Dünsten von Fleisch, Wild, Geflügel, Fisch oder Gemüse gewonnen wird. Gibt's auch fertig im Glas.

Fritieren
Ausbacken in speziellen Fritierfetten oder Ölen bei 180 bis 200 Grad (→ Seite 79).

Functional food
So nennt man mit Vitaminen und Mineralstoffen angereicherte Nahrungsmittel, die einen besonderen gesundheitlichen Nutzen versprechen. Beispiele: Multivitaminsaft, probiotische Milcherzeugnisse.

G

Gewachste Äpfel
Äpfel dürfen mit einem speziellen Wachs behandelt werden.
Vor dem Essen kurz heiß abspülen und kräftig trockenreiben.

Gewürze
Aromatische Pflanzenteile, die Speisen schmackhafter machen, den Appetit anregen, die Verdauung fördern und als häusliches Heilmittel seit Jahrhunderten eingesetzt werden. Achten Sie auf das Haltbarkeitsdatum bei getrockneten Gewürzen.

Kleine Gewürzauswahl (→ Foto oben):

1. Kurkuma (Gelbwurz),
2. Nelken,
3. Garam Masala (indische Gewürzmischung),
4. Kumin (Kreuzkümmel),
5. grüner Kardamom,
6. Koriander,
7. Chilischoten.

Gewürze aufbewahren
Gewürze nur in kleinen Mengen kaufen. Ganze Gewürze halten sich zwei bis drei Jahre, gemahlene im Glas oder in der Dose nur etwa ein Jahr. Dunkel, kühl und trocken lagern. Wenn Sie Gewürze zugeben, den Gewürzstreuer nicht über den heißen Topf halten, denn Feuchtigkeit läßt Gewürze schnell verderben.

Glasig dünsten
Zwiebeln oder Knoblauch ins flüssige, noch nicht heiße Fett oder gleich mit dem Öl in Topf oder Pfanne geben und bei mittlerer Hitze dünsten, ohne daß sie bräunen.

Gratinieren
Kurzes Überbacken unter dem Grill oder bei starker Oberhitze auf der oberen Backofenschiene.

H

Haferflocken
Besonders nahrhaft durch wichtige Ballaststoffe, wertvolle ungesättigte Fettsäuren, hochwertiges Eiweiß, B-Vitamine, Eisen und Calcium. Müsli mit Hafer und Obst beugt Herzinfarkt vor.

Hülsenfrüchte
Sie sind wichtige Grundnahrungsmittel: Erbsen, Bohnen, Kichererbsen, Linsen, Sojabohnen usw.; auch Erdnüsse zählen zu den Hülsenfrüchten. Alle sind eiweiß- und ballaststoffreich und darum für Vegetarier besonders wichtig.

J

Jodsalz
Um die Jodversorgung zu verbessern, sollte in der Küche generell Jodsalz verwendet werden. Es wird bei den Rezepten dieses Buches überall angegeben und verwendet wie normales Speisesalz.

K

Karamelisieren
Zucker in einen breiten, am besten Edelstahlkochtopf streuen, bei mittlerer Hitze flüssig und goldbraun werden lassen. Nicht umrühren!
Von der Kochstelle nehmen und abkühlen (→ Seite 121).

Kohl
Sammelbegriff für Weiß-, Rot-, Grün-, Rosen-, Blumen-, Spitz- und Chinakohl, Wirsing, Brokkoli, Kohlrabi, Paksoi usw. Kohl ist kalorienarm, ballaststoff-, eiweiß- und vitaminreich und mit seinen bioaktiven Substanzen ein wirksames Anti-Krebs-Gemüse. Essen Sie Kohl öfter mal als Rohkost. Gardauer höchstens 15 Minuten.

Kräuter
Frische Kräuter am besten gleich nach dem Einkaufen verwenden. Ein, zwei Tage halten sie sich im Kühlschrank: Dafür ganze Kräuter mit kaltem Wasser besprenkeln, in eine Plastiktüte stecken und die Tüte mit einem Gummiband fest verschließen. Oder Kräuter abspülen, trockentupfen, die Blätter abzupfen, in ein Schraubglas geben und in den Kühlschrank stellen.

L

Lebensmittel-Bestrahlung
Darunter versteht man das Entkeimen und Konservieren von Lebensmitteln zur besseren Haltbarkeit. Das ist in Deutschland verboten, in einigen EU-Staaten aber für bestimmte Produkte zugelassen. Kennzeichnung: „bestrahlt" oder „mit ionisierenden Strahlen behandelt."

Legieren
Suppen und Soßen werden mit einer Mischung aus Sahne und Eigelb gebunden und dadurch sämig.

Light-Produkte
Produkte, die leichter bekömmlich, kalorienarm oder alkoholfrei sind.

Mandeln abziehen
Mandelkerne in kochendes Wasser geben, aufkochen, abgießen, kalt abspülen und auf ein sauberes Küchentuch legen. Tuch überschlagen und durch ständiges Hin- und Herrollen die lose braune Haut von den Mandeln entfernen.

M

Marinieren
Früher wurden fast nur Fleisch, Geflügel und Fisch in eine Würzmarinade eingelegt, um sie mürbe und haltbar zu machen. Heute mariniert man vieles: Gemüse, Pilze, Tofu, sogar Früchte und Käse.

Molke
Wertvolles Nebenprodukt bei der Käseherstellung. Der darin enthaltene Milchzucker und die Milchsäure sorgen für einen gesunden Darm, Aktivierung des Stoffwechsels und für eine gesunde Haut.

N

Nachreifen
Äpfel, Tomaten und andere stark nachreifende Früchte scheiden das Pflanzenhormon Ethylen aus, ein ungefährliches Gas, das aber Bananen, Salat, Gurke, Zucchini, Auberginen und Kartoffeln dazu bringt, schneller zu reifen und zu verderben. Also nicht zusammen aufbewahren!

Nüsse und Samen
Eine wichtige Eiweißquelle für Vegetarier. Enthalten sind auch essentielle Fettsäuren, Vitamine (B 1, A, E) und Mineralstoffe. Gut fürs Herz und für die Nerven!
Wegen möglichen Schimmelbefalls immer ganze Nußkerne kaufen und selbst zerkleinern.

Foto → 1. Haselnüsse, 2. Pistazien, 3. Sojakerne, 4. Sonnenblumenkerne, 5. Paranüsse, 6. Walnüsse, 7. Kokosnuß, 8. Sesamsamen, 9. Cashewkerne, 10. Krachmandeln und Mandeln, 11. Kürbiskerne, 12. Pinienkerne, 13. Maronen (Eßkastanien), 14. Erdnüsse, 15. Pekannüsse.

O

Obst
Damit sich geschältes Obst nicht verfärbt, immer mit einem Edelstahlmesser arbeiten, das Obst nicht in einer Aluschüssel aufbewahren oder zu lange an der Luft stehen lassen. Bananen, Äpfel und Birnen mit Zitronensaft beträufeln.

Orange filieren
Orangenschale und weiße Haut der Orange gleichmäßig dick mit einem scharfen Messer abschneiden. Orange in die hohle Hand legen, Schüssel unterstellen und mit einem scharfen Messer die Fruchtfilets an den Trennwänden durch Einschneiden bis zur Mitte lösen und herausnehmen. Saft auffangen. Gesünder ist es allerdings, die weiße Orangenhaut mitzuessen, sie enthält wertvolle Inhalts- und Ballaststoffe.

P

Panieren
Schnitzel oder Fischfilets vor dem Kurzbraten oder Fritieren zuerst in Mehl wenden, Mehl abklopfen, dann durch verquirltes Eiweiß oder Ei, Milch oder flüssige Butter ziehen und zum Schluß in Semmelbröseln (Paniermehl) wenden. Sofort in heißem Fett braten oder fritieren.

Paprikaschoten
Vitaminreiches, ganzjährig angebotenes Gemüse. Rohe Paprika immer quer zur Faser schneiden, so sind sie bekömmlicher.

Kleines Küchenlatein von A bis Z

Paprikaschoten abziehen
Mit der Hautseite nach oben auf ein Backblech legen, unter dem Grill 5–10 Minuten rösten, bis die Haut schwarz ist und Blasen wirft; während der Grillzeit einmal umdrehen. Paprikaschoten in einen Gefrierbeutel legen, verschließen und etwa zehn Minuten stehen lassen. Herausnehmen und die Haut von den Schoten abziehen; Saft auffangen.

Pfannenrühren
Feine Streifen von Fleisch, Fisch, Gemüse unter ständigem Rühren in Pfanne oder Wok ganz schnell braten.

Pochieren
Schonendes Garziehen in Flüssigkeit kurz unter dem Siedepunkt. Für Fisch, Klöße, Eier.

Probiotische Lebensmittel
Neben Milchprodukten auch milchsaure Produkte wie Sauerkraut, Salzgurken, Mixed Pickles und Oliven.

Probiotische Milchprodukte
Meist Joghurt oder Milchmischgetränke mit probiotischen Milchsäurebakterien, die unsere Darmflora positiv beeinflussen und für ein gut funktionierendes Immunsystem sorgen sollen (→ Functional food).

Pürieren
Rohe oder gekochte Lebensmittel zu Mus oder Brei zerkleinern, zerstampfen oder mit dem Pürierstab, Schneidstab oder Mixer verarbeiten. Eventuell durch ein Sieb streichen.

Q

Quellvermögen
Bestimmte Lebensmittel wie Hülsenfrüchte, Reis, Teigwaren, Grieß und Mehl nehmen beim Zubereiten Flüssigkeit auf und vergrößern damit ihr Volumen.

R

Ragout
Fleisch-, Fisch-, Geflügelstückchen oder anderes in pikant gewürzter Soße.

Rapsöl
Speiseöl mit reichlich einfach und mehrfach ungesättigten Fettsäuren. Ist in vielen geschmacksneutralen Speiseölen enthalten. Im Reformhaus gibt es kaltgepreßtes Rapsöl, das etwas nach Senf schmeckt.

Reduzieren (Einkochen)
Soßen, Fond, Sahne und Wein im offenen Topf oder Pfanne bei mittlerer Hitze so lange einkochen, bis sie sämig und noch geschmackvoller werden.

S

Sahnesoßen
Nur Sahnesorten, die mindestens 30 Prozent Fettgehalt haben, können Soßen binden, ohne auszuflocken. Magere Kaffeesahne oder Joghurt müssen deshalb mit einem Teelöffel Speisestärke verrührt werden, wenn Sie eine Soße damit binden wollen.

Schmoren
Anbraten und Bräunen in heißem Fett bei mittlerer Hitze; anschließend gibt man Wasser, Brühe, Wein oder Soße dazu und gart im geschlossenen Topf fertig (Gulasch, Rouladen, Braten, Geflügel, Gemüse und festfleischige Fische).

Soßenbinder (→ Binden)

Sojasoße
Wichtigste Würze Asiens. Hergestellt aus fermentierten Sojabohnen.

Speck auslassen
Ausbraten nur bei kleiner Hitze, da sonst schädliche Nitrosamine (Krebserreger) entstehen. Auf Küchenkrepp abtropfen lassen.

Sprossen und Keime
Aus Getreide, Hülsenfrüchten und anderen Pflanzensamen gezogenes Keimgemüse: ballaststoff-, mineralstoff- und vitaminreich. Für Salat, Quark, als Gemüse und Brotbelag. Keimlinge von Hülsenfrüchten müssen Sie blanchieren, die übrigen nur mit heißem Wasser kurz abspülen.

Foto rechts:
1. Senf, 2. Radieschen, 3. Kürbis, 4. Linsen, 5. Rettich, 6 Kichererbsen.

Suppengrün
Bund von Möhren, Lauch, Knollensellerie und Petersilienwurzel zum Mitkochen in Brühen, Fonds, Schmorgerichten und als Gemüse. Auch als TK-Päckchen.

Süßstoff
Sinnvoll nur bei Stoffwechselerkrankungen, wenn Zucker nicht erlaubt ist.

Z

Zuckermelonen
Reife Früchte erkennt man daran, daß sie am Blütenansatz frisch duften und auf Fingerdruck leicht nachgeben.

Fotos: 1. Honigmelone, 2. Galia (Netzmelone), 3. Charentais, 4. Kantalup

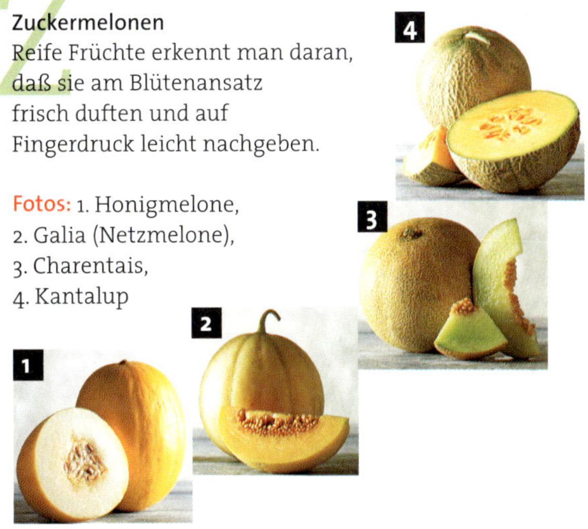

Zwiebeln schneiden
Mit einem sehr scharfen Messer und einem Schluck Wasser im Mund gibt's keine Tränen.

WO BIO-PRODUKTE EINKAUFEN? In Deutschland gibt es neun Organisationen, die sich in der Arbeitsgemeinschaft Ökologischer Landbau (AGÖL) zusammengeschlossen haben. Ein einheitliches nationales Öko-Prüfsiegel wurde jetzt erarbeitet. Außerdem gibt es ein EU-Prüfsiegel für ökologische Erzeugnisse und Lebensmittel. Diese Produkte tragen den Hinweis „Ökologische Agrarwirtschaft – EU-Kontrollsystem" – allerdings bisher nur pflanzliche Produkte. Die strengen Richtlinien der ökologischen Anbauverbände regeln dagegen auch die artgerechte Tierhaltung und -zucht auf den Bio-Höfen. Echte Bio-Produkte werden immer häufiger auch im Supermarkt angeboten. „Bio" gibt's außerdem im Reformhaus, auf Wochenmärkten (Ökomarkt) oder direkt vom Hof. Übrigens: „Integriert" und „Extensive Bewirtschaftung" heißt nicht, daß die Produkte ökologisch angebaut werden, sondern nur, daß weniger Pflanzen- und Düngemitteln eingesetzt wurden. Und wenn „Kontrolliert" auf der Packung steht, bedeutet das leider gar nichts.

Hitliste der Vorratskammer

Die meisten Küchen bieten keinen Platz für großartige Vorräte. Trotzdem kommt der Tag, an dem unerwartet Besuch hereinschneit oder es im Job länger gedauert und kein Laden mehr geöffnet hat. Dann ist es schon beruhigend, daß irgendwo in den Tiefen der Schränke noch eine Dose oder eine Packung Nudeln auf ihren Einsatz wartet.

Wenn schon **Dosen,** dann diese: ganze Tomaten oder Tomatenstücke, Pizza-Tomaten für Pizza, Soßen, Suppen, Schmorgerichte; Maiskörner als Gemüse und für Salat; Hülsenfrüchte wie rote Kidney-Bohnen, weiße Bohnen, Bohnenkerne, Linsen, Kichererbsen für Eintöpfe, Salate, Dips; gebackene Bohnen, Chili-Bohnen für Spiegelei und Tomaten als kleines Abendbrot; Artischockenherzen für Antipasti, Suppen, Pizza. Vollkonserven sind etwa vier Jahre bei 25 Grad lagerfähig.

Trockenvorräte sind meistens ein Jahr haltbar (MHD = Mindesthaltbarkeitsdatum → Seite 8): Nudeln, getrocknete Tortellini, Reis, Haferflocken, Maiskörner für Popcorn, Grieß, Polentagrieß, Mehl (für Pizza und Tarte), Trockenhefe, Backpulver, Getreide.

Kühlschrank-Vorrat:

Eier; Salami; eingeschweißte Lebensmittel wie Speck, Schafkäse oder Mozzarella; Hartkäse wie alter Gouda, Parmigiano Reggiano/Grana Padano oder Pecorino-Käse hält sich im Kühlschrank, eingewickelt in Klarsichtfolie oder Pergamentpapier, mehrere Wochen.

Tiefkühltruhe:

Rohes wie grüne Erbsen, Blattspinat, Bohnen, Brokkoli, Suppengrün und Kräuter; Fischfilet; Baguette oder Ciabatta zum Aufbacken; Blätterteig.

Behalten Sie den Überblick!

Nichts ist ärgerlicher, als Packungen mit abgelaufenem Mindesthaltbarkeitsdatum oder zu lange Tiefgekühltes wegwerfen zu müssen.

Reste – wie lange aufbewahren?

Das Wichtigste: Speisereste müssen schnell und gründlich, am besten im kalten Wasserbad, abgekühlt werden. Aus großen Mengen mehrere kleine Portionen machen, dann geht's schneller. Nur kalte Speisen dürfen in den Kühlschrank. Das ist zwar umständlich, aber notwendig, denn sonst erhöht sich die Kühlschranktemperatur, und die empfindlichen Lebensmittel werden nicht mehr optimal gekühlt.

Lebensmittel	Im Kühlschrank haltbar Tage	Weiterverwenden für
Eier, hartgekocht	6	Salat, Senfeier
Fleischbrühe, Hühnerbrühe (Bouillon)	3–4	Suppe, Soße
Frikadellen	3–4	Sandwich, Imbiß, Ragout
Gemüse	2	Püree, Suppe, Salat, Gratin, Auflauf
Hähnchen-, Hühnerfleisch (Knochen und Haut entfernen), gegart	2–3	Ragout, Salat, Pfannengericht
Kalbfleisch, gegart	2	Ragout, Aufschnitt
Kartoffeln, gekocht, und Pellkartoffeln	2–3	Salat, Klöße, Knödel, Bratkartoffeln
Kasseler, gegart (ohne Knochen)	4–5	Aufschnitt, Eiergerichte
Nudeln	2–3	Bratnudeln, Salat, Suppe
Pfannkuchen, Crêpe	2–3	Suppeneinlage, überbackene Pfannkuchen
Räucherlachs	4–5	Nudeln, Vorspeise, Salat
Reis	3	Pfannengerichte, Suppe Puffer, Auflauf
Rinderbraten	4–5	Salat, Eintopf
Schweinebraten	2–3	Omelett, Suppe, Eintopf Reisfleisch, Aufschnitt
Thunfisch, Makrele (Dose)	2–3	Dip, gefüllte Tomaten, Reis- oder Nudelsalat
Tomaten (Dose)	3–4	Soße, Suppe, Eintopf, Schmorgericht, Auflauf
Vinaigrette (Salatsoße)	7	Salat
Weiße Bohnen (Dose)	1	Salat, Suppe, Gemüse
Zwiebel, angeschnittene	2–3	Soße, Suppe usw.

Salmonellen – immer noch ein Problem

Alle Sommer wieder sind Lebensmittelvergiftungen durch Salmonellen ein Thema. Salmonellen (Darmbakterien), die sich besonders gern in Geflügel, Schlachtfleisch, Ei, Seetieren und anderen tierischen Lebensmitteln ansiedeln, gelangen über verseuchte Lebensmittel oder direkt durch Ansteckung bei Tier oder Mensch in den Organismus. Dort produzieren sie Giftstoffe, die schwere Durchfallerkrankungen mit Übelkeit, Erbrechen und Fieber verursachen. Besonders gefährdet sind Menschen mit geringer Widerstandskraft: Säuglinge, Kleinkinder und alte und kranke Menschen. Da man Salmonellen weder sehen noch riechen oder schmecken kann, sind Hygiene bei der Speisenzubereitung und richtige Lagerung das A und O, um sich zu schützen.

- Eier im Kühlschrank aufbewahren. Für Eierspeisen mit rohen Eiern wie Tiramisu oder Mayonnaise nur Eier verwenden, die nicht älter als fünf Tage sind. Auf das Lege- oder Verpackungsdatum achten. Die Speisen möglichst gleich essen und nicht aufbewahren. Ältere Eier nur durchgegart verwenden.
- Geflügel, Wild, Fisch, Krusten-, Schalen- und Weichtiere getrennt von anderen Lebensmitteln aufbewahren und zubereiten.
- Leichtverderbliche Lebensmittel (Kartoffel- und Geflügelsalat) und Speisen mit Milch, Sahne, Eiern immer im kältesten Bereich des Kühlschranks auf der Glasplatte bei einer Temperatur unter 10 Grad aufbewahren (achten Sie auf die Angaben der Kühlschrankhersteller).
- Auftauwasser von Geflügel oder Gefrierfleisch sofort weggießen, nicht mit frischen Lebensmitteln wie Gemüse oder Salat in Berührung kommen lassen. Verpackungsfolie vernichten. Benutzte Arbeitsgeräte wie Küchenbretter, Messer und den Arbeitsplatz mit möglichst heißem Wasser reinigen.
- Geflügel, Fleisch und Fisch immer gut durchbraten, Hackfleisch am Tag der Herstellung verbrauchen. Frische Mettwurst (Rohwurst) sorgfältig kühlen.
- Speisen, die in der Mikrowelle zubereitet oder aufgewärmt werden, müssen eine gleichmäßige Temperatur von mindestens 70 Grad erreichen.
- Zubereitete Speisen nicht lange bei Zimmertemperatur stehen lassen, sondern sofort verzehren oder zwischenkühlen und vor dem Essen wieder aufkochen oder durchbraten.
- Die Hände während der Küchenarbeit möglichst oft mit Seife und warmem Wasser waschen.
- Bei heißem Sommerwetter leichtverderbliche Lebensmittel nicht im Auto liegen lassen. Zum Einkaufen eine Kühltasche mit Kühlelementen benutzen.
- Bei Milchspeise- und Sahneeis auf durchgehende Kühlung achten, besonders bei kleinen Portionspackungen, die schneller schmelzen als große.
- Kühlschrank regelmäßig abtauen und gründlich reinigen.

Diese Sicherheitsvorkehrungen helfen auch, anderen bakteriellen Krankheitserregern wie EHEC (Escherichia coli) oder Listerien vorzubeugen.

Verschimmelte Lebensmittel wegwerfen!

Wenn Schimmel deutlich zu erkennen ist, haben sich die Sporen der Schimmelpilze längst im Inneren des Lebensmittels vorgearbeitet. Schimmel ist giftig und kann Krebs verursachen. Häufig betroffene Lebensmittel sind Brot, Schnittbrot, Nüsse, Getreide, Samen, Saft, Kompott und Obst. Nur Schimmel auf Konfitüre oder Marmelade, die mit viel Zucker hergestellt wurden, kann man großzügig abheben. Das gilt nicht für Diabetiker-, Diät-, Light-Konfitüre oder Fruchtaufstriche mit reduziertem Zuckergehalt! Bei Käse gehören Frisch-, Weich-, Schnittkäse und Käsescheiben mit grünlichem Schimmel in den Mülleimer. Dagegen ist der Schimmel bei Edelschimmelkäse wie Camembert, Brie, Roquefort, Gorgonzola ungefährlich und erwünscht.

Richtig maßhalten

Gängige Abkürzungen

Teel. (TL)	=	Teelöffel
Eßl. (EL)	=	Eßlöffel
g	=	Gramm
kg	=	Kilogramm
l	=	Liter
1/4 l	=	Viertelliter
1/2 l	=	ein halber Liter
ml	=	Milliliter
cl	=	Zentiliter
dl	=	Deziliter
ccm	=	Kubikzentimeter
cm	=	Zentimeter
Messerspitze (Msp.)	=	Gewürzmenge, die auf 1 cm Spitze eines kleinen Messers paßt
Prise (Pr.)	=	Menge, die zwischen Daumen und Zeigefinger paßt

Kleine Küchen-Mengenlehre

1 l =	1000 ml =	100 cl =	10 dl =	1 kg = 1000 g
3/4 l =	750 ml =	75 cl =	7,5 dl =	3/4 kg = 750 g
1/2 l =	500 ml =	50 cl =	5 dl =	1/2 kg = 500 g
3/8 l =	375 ml =	37,5 cl =	3,75 dl =	3/8 kg = 375 g
1/4 l =	250 ml =	25 cl =	2,5 dl =	1/4 kg = 250 g
1/8 l =	125 ml =	12,5 cl =	1,25 dl =	1/8 kg = 125 g
	100 ml =	10 cl =	1 dl =	100 g
	50 ml =	5 cl =	50 g	
	15 ml =	15 g		

Löffelmaße für schnelles Abwiegen/Abmessen

Die Gramm-Angabe bezieht sich auf einen mittleren, gestrichen vollen Eß- bzw. Teelöffel.

	1 Eßlöffel = g/Gramm	1 Teelöffel = g/Gramm
Wasser, Milch, Sahne Essig, Wein, Brühe	15	5
Öl	12	4
Honig	20	6
Kondensmilch	20	7
Mehl, Speisestärke, Backpulver	10	3
Puderzucker	10	3
Zucker	15	5
Reis	15	5
Grieß	12	3
Semmelbrösel	10	3
Haferflocken	8	2
Nüsse, gemahlen	8	3
Jodsalz	15	5
Kaffee, Tee, Kakao, Kakaogetränk (Pulver)	6	2
Crème fraîche, Crème double	15	5

Saftausbeute:

1 große Orange	=	90–100 ml
1 Saftorange	=	60 ml
1 Limette	=	30 ml
1 Zitrone	=	40 ml

Maße aus USA und Großbritannien

1 lb (pound)	=	454 g
1 oz (ounze)	=	28 g
1 cup (USA)	=	240 ml
1 cup (GB)	=	200 ml
1 pt (pint, USA)	=	473 ml
1 pt (pint, GB)	=	568 ml

Kräutergarten

DILL
Schmeckt leicht nach Anis oder Fenchel. Läßt sich gut einfrieren. Paßt zu Fisch, Pilzen, Lamm, Joghurt und Salaten. Vitamin-C-reich.

THYMIAN
Sehr würzig bis herb. Stiele im ganzen mitgaren, vor dem Essen entfernen. Oder nur die Blätter verwenden. Paßt zu allem südlich Herzhaften und zu Bratkartoffeln. Läßt sich gut trocknen.

SALBEI
Stark und bitter-würzig. Für Aal, Makrele, Lamm, Schwein, aber auch für Kalb. Nicht für Rohkost und Salate. Für aromatisches Öl: Salbei kurz darin ausbraten. Salbeiblüten sind eßbar.

MINZE
Schmeckt und duftet sehr aromatisch. Paßt vor allem zu Lamm, aber auch zu Hackfleisch, kann mitgegart werden. Gut auch für Joghurtmischungen und Salatsoßen.

ROSMARIN
Riecht nach Kiefernnadeln, harmoniert mit Thymian. Sparsam dosieren. Für die südliche Fisch-, Fleisch- und Kartoffelküche und für Pilze. Für aromatisches Öl: Rosmarin kurz ausbraten.

LORBEER
Herb-würziges, pfeffriges Aroma. Blätter etwas einreißen, im Ganzen mitkochen, vor dem Essen entfernen. Für Soßen, Braten, Marinaden.

PETERSILIE
Frisches Aroma, unterstreicht den Eigengeschmack vieler Gerichte. Verträgt sich mit allen Kräutern und Gewürzen. Gibt's kraus und glatt; glatte Petersilie schmeckt intensiver.

GARTENKRESSE
Pikant, scharf und gesund. Nicht hacken, nicht mitkochen, nur drüberstreuen. Für Quark und Salate.

MAJORAN

Schmeckt deftig-würzig. Kann Salz ersetzen. Paßt zu Bohnen, Kartoffeln und pflanzlichen Aufstrichen.

BASILIKUM

Paßt zu fast allem. Ideal zu Tomaten, Knoblauch und Olivenöl. Nur roh verwenden, nicht hacken, höchstens in Streifen schneiden oder zerreißen.

KORIANDER

Sehr aromatisch. Unverwechselbarer Duft. Typisch für die asiatische und südamerikanische Küche. Verwenden wie Petersilie, nicht mitkochen.

ESTRAGON

Hat frisch einen intensiven Geschmack (französische Sorte bevorzugen). Harmoniert mit Zitronenmelisse. Für helle Soßen, Marinaden und Eierspeisen.

OREGANO

(wilder Majoran) Herb-kräftiges Aroma: typisches Pizza-Gewürz. Auch zu Tomatengerichten und geschmortem Fleisch. Zum Mitkochen. Harmoniert mit Rosmarin und Thymian.

LAVENDEL

Schmeckt parfümiert. Gering dosieren: Ein bis zwei Nadeln für eine Soße reichen aus.

PFEFFERMINZE

Das ätherische Öl Menthol gibt dem Gewürz ein erfrischendes Aroma. Für orientalische Gerichte und Süßspeisen.

ZITRONENMELISSE

Zitronig, leicht bitter. Nicht mitkochen. Große Blätter kleinschneiden, sonst schmecken sie ledrig. Für Obstsalat, Kräuterbutter, Fisch und Bowle.

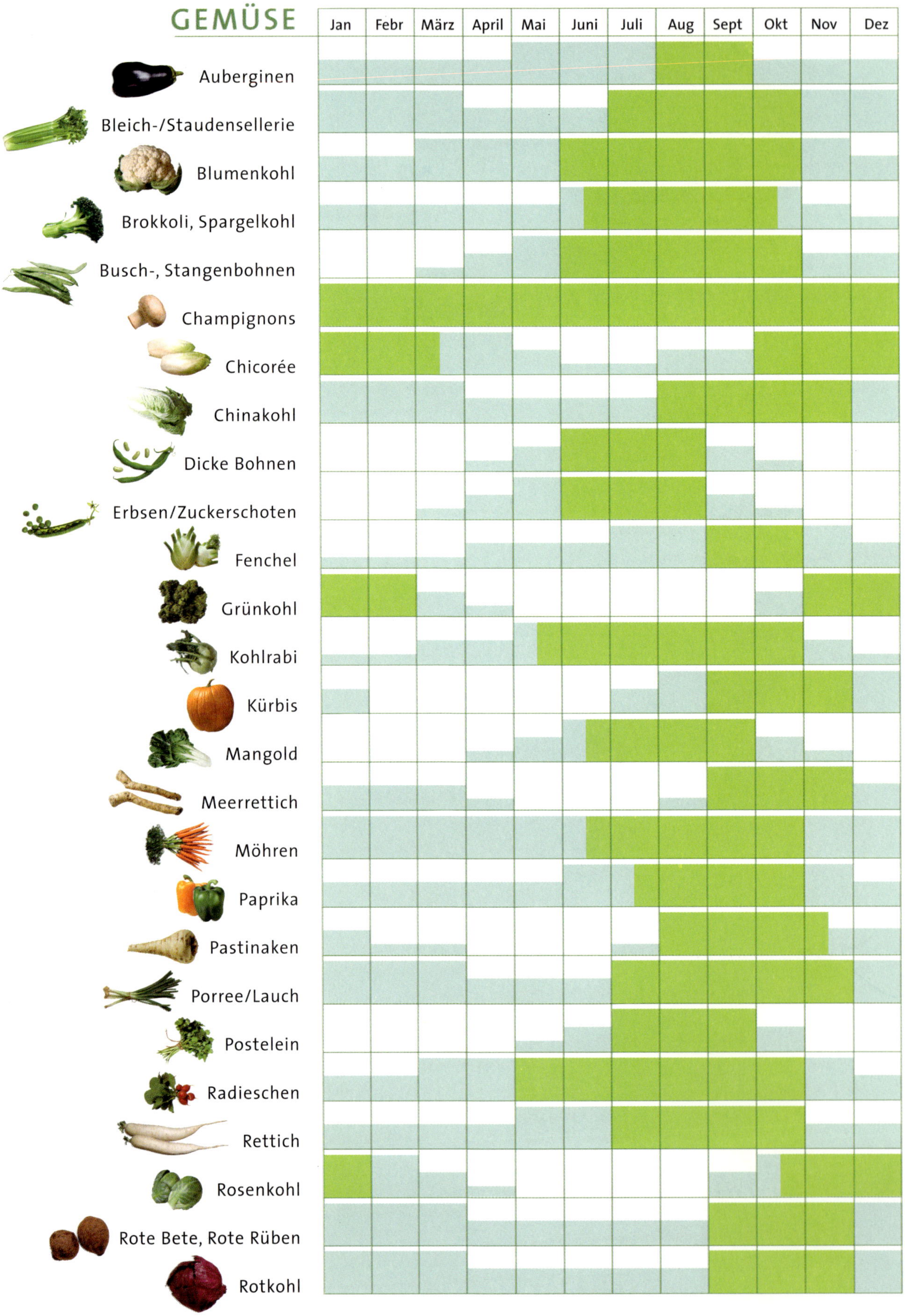
GEMÜSE
Jan
Febr
März
April
Mai
Juni
Juli
Aug
Sept
Okt
Nov
Dez
Auberginen
Bleich-/Staudensellerie
Blumenkohl
Brokkoli, Spargelkohl
Busch-, Stangenbohnen
Champignons
Chicorée
Chinakohl
Dicke Bohnen
Erbsen/Zuckerschoten
Fenchel
Grünkohl
Kohlrabi
Kürbis
Mangold
Meerrettich
Möhren
Paprika
Pastinaken
Porree/Lauch
Postelein
Radieschen
Rettich
Rosenkohl
Rote Bete, Rote Rüben
Rotkohl

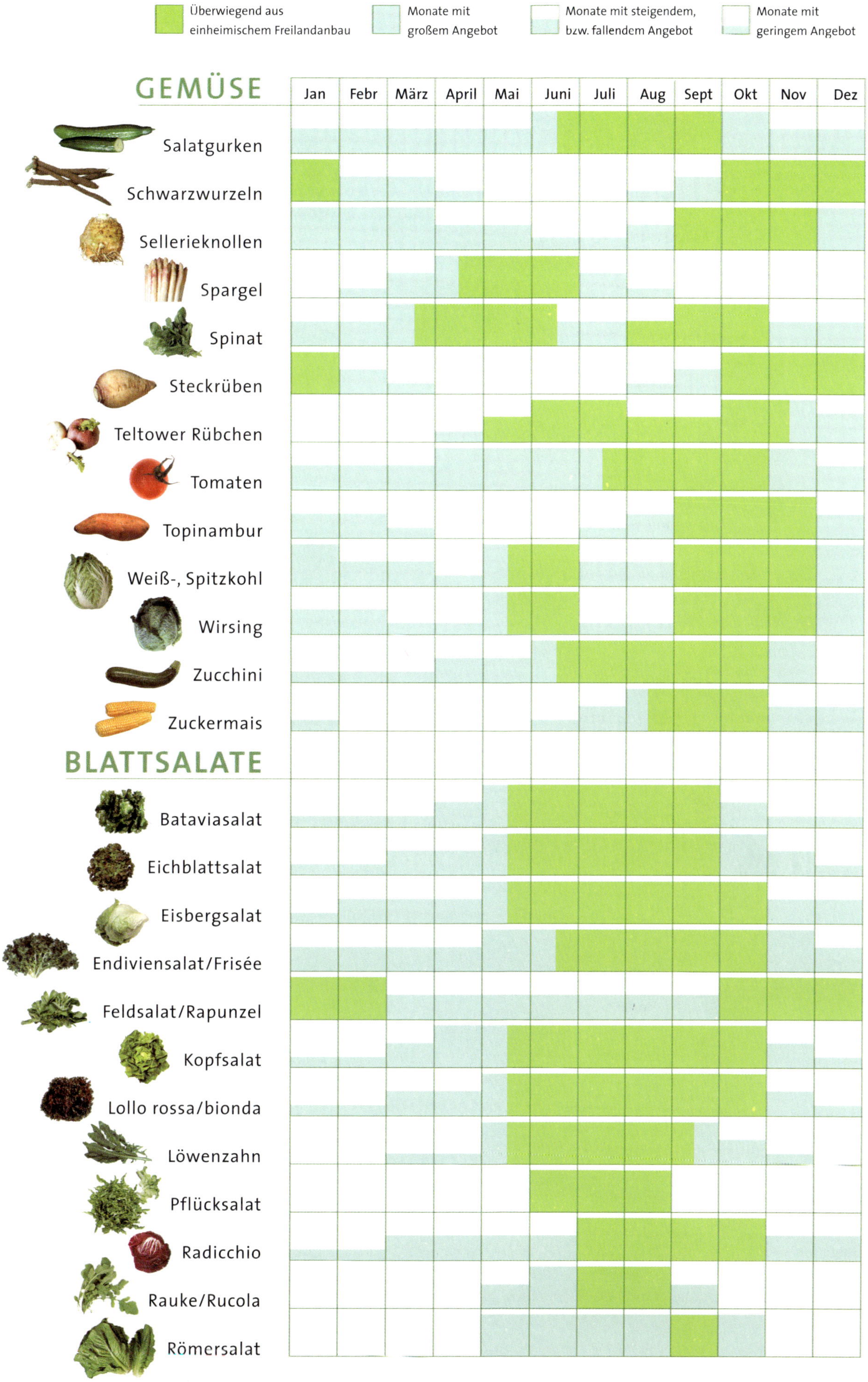

Überwiegend aus einheimischem Freilandanbau
Monate mit großem Angebot
Monate mit steigendem, bzw. fallendem Angebot
Monate mit geringem Angebot
GEMÜSE
Jan
Febr
März
April
Mai
Juni
Juli
Aug
Sept
Okt
Nov
Dez
Salatgurken
Schwarzwurzeln
Sellerieknollen
Spargel
Spinat
Steckrüben
Teltower Rübchen
Tomaten
Topinambur
Weiß-, Spitzkohl
Wirsing
Zucchini
Zuckermais
BLATTSALATE
Bataviasalat
Eichblattsalat
Eisbergsalat
Endiviensalat/Frisée
Feldsalat/Rapunzel
Kopfsalat
Lollo rossa/bionda
Löwenzahn
Pflücksalat
Radicchio
Rauke/Rucola
Römersalat

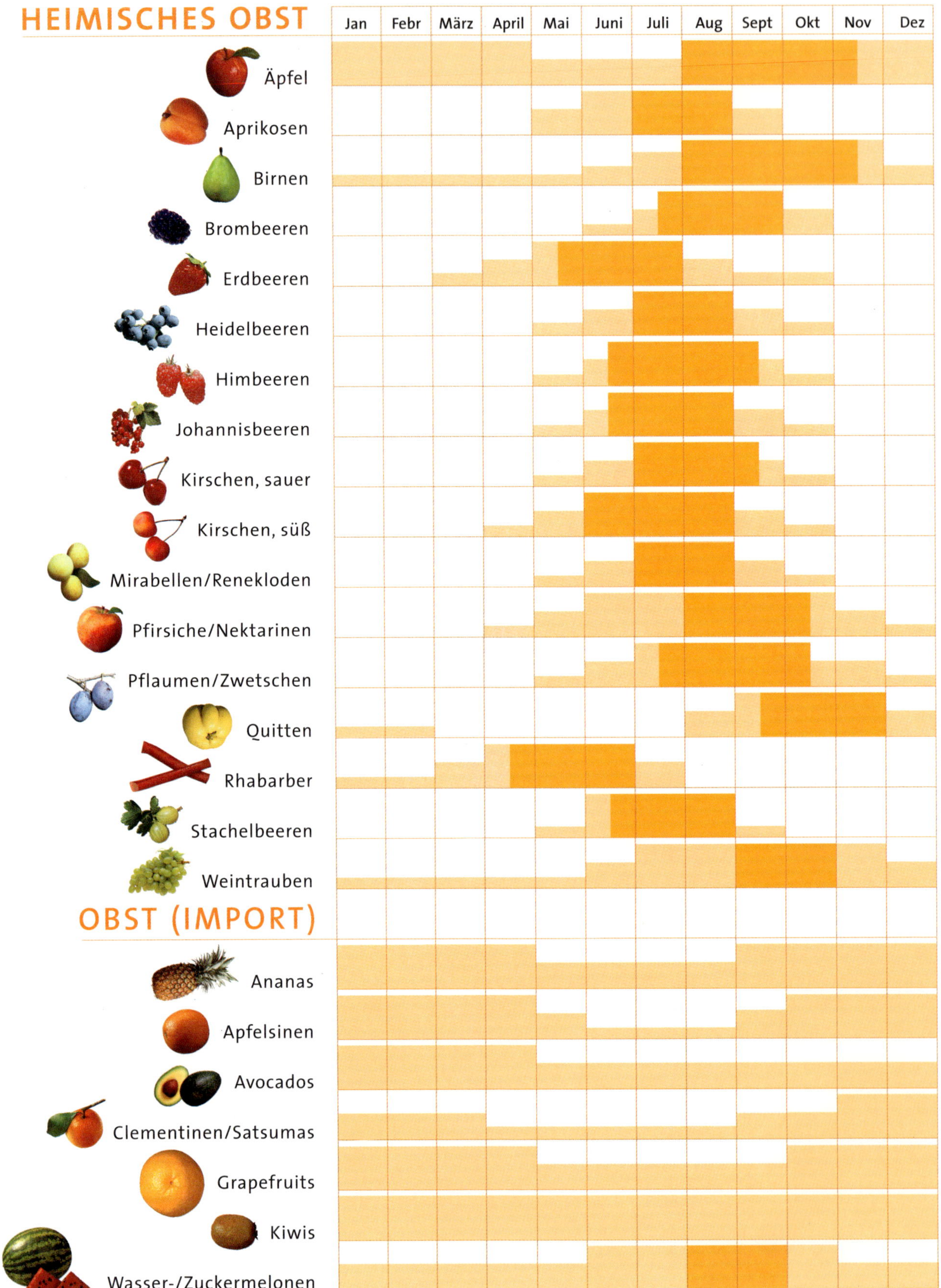

Überwiegend aus einheimischem Freilandanbau

Monate mit großem Angebot

Monate mit steigendem, bzw. fallendem Angebot

Monate mit geringem Angebot

Register

Vegetarische Gerichte sind mit ˣ gekennzeichnet

Register

Vegetarische Gerichte sind mit × gekennzeichnet